COLLECTION SÉRIE NOIRE
Créée par Marcel Duhamel

Parutions du mois

2477. CHAPEAU !
(MICHÈLE ROZENFARB)

2481. PITBULL
(PIERRE BOURGEADE)

2482. LE JOUR DU LOUP
(CARLO LUCARELLI)

2483. CUL-DE-SAC
(DOUGLAS KENNEDY)

2484. BRANLE-BAS AU 87
(ED Mc BAIN)

THIERRY JONQUET

La vie de ma mère !

nrf

GALLIMARD

FACE A

Il me l'avait bien dit, monsieur Bouvier, que si je continuais à faire l'andouille, je pourrais jamais aller au collège normal, comme les autres copains de la classe. Monsieur Bouvier, c'était le maître qu'on avait en CM2. Il était vachement sévère, monsieur Bouvier. Il me punissait sans arrêt, mais faut dire qu'on faisait le souk dans la classe, moi, Farid, Mohand et Kaou !

Monsieur Bouvier, il nous avait mis au fond, tous les quatre, à côté de l'aquarium, pour pas qu'on gêne les autres. On faisait les cons quand même, mais à force on avait plus envie, c'était toujours la même chose, alors on se tenait peinards. Pendant qu'ils faisaient les dictées ou les problèmes, on jouait avec nos Megadrive ou on écoutait IAM sur nos walkmans.

Quand même, le jour où avec Farid, on a versé de la Javel Lacroix dans l'aquarium, là, monsieur

Bouvier il a pas aimé. Les poissons, ils étaient tous crevés ! Le dirlo, il nous a fait style la morale, comme quoi on devrait avoir honte de tuer des pauvres bêtes, qu'on avait même pas le respect des animaux, et tout ! Il nous a bien pris la tête, làçui, avec ses poissons, mais à la cantine, on en mange bien, des trucs en carré panés, cap'tain Igloo comme à la télé, alors qu'est-ce qu'il y a, où qu'il est le respect avec ces poissons-là ?

Du coup, quand on lui a dit ça, à monsieur Bouvier, il s'est vachement véner, et il nous a collé une baffe, à moi, Kaou, Mohand et Farid. Il avait pas le droit de nous taper, c'est marqué dans le règlement de l'école. Même qu'après, Béchir, le grand frère à Farid, il a voulu pécho monsieur Bouvier, mais il l'a pas fait, il a juste niqué les pneus de sa Clio avec un cutter, dans le parking.

À la fin du mois de juin, y a eu la fête à l'école, avec danses folkloriques et tout, et même des danses arabes, pour pas qu'il y ait de jaloux, et après ça a été les vacances. Moi, je suis pas parti, ni Kaou, ni Mohand, ni Farid. On a zoné dans la cité pendant deux mois. Comme « plage », on avait le bassin que les ouvriers de la mairie ils ont installé au milieu du square, pendant l'hiver, un gros truc rond avec des briques et un jet d'eau. Relou, le bassin ! On allait piquer des plaques de polystyrène à la poissonnerie du coin de la rue de Belleville et on fabriquait des bateaux : des « vedettes » avec un moteur, juste un élastique qu'on remontait avec un trombone et deux morceaux de boîte d'allumettes, ça faisait comme une hélice, c'est un truc que monsieur Bouvier il nous avait montré en travail manuel. Ou bien des voiliers, en plantant un morceau de bois au milieu pour faire le mât ; les voiles, c'était un morceau de sac Auchan qu'on déchirait exprès.

On en fabriquait plein, des bateaux. Ils tournaient en rond autour du jet d'eau pendant un moment, et puis tchac, ils se prenaient le jet en plein dessus et ils étaient niqués, ils se cassaient. Alors on en remettait d'autres ; ça faisait plein de morceaux de polystyrène partout dans le bassin, et des bouts de sacs Auchan, tout le monde disait que c'était dégueulasse. C'était pas complètement de notre faute quand même, parce que le jet d'eau il était souvent en panne et la flotte se mettait à pourrir. Elle puait la vase et elle devenait toute verte. Quand il en avait ras le bol, le gardien du square nous virait du bassin en nous courant après.

C'est un vieux from[1] avec des lunettes, qui

1. From : abréviation de fromage blanc, par extension, individu à peau blanche.

gueule tout le temps. Il a même pas de revolver, juste un sifflet. À chaque fois c'était pareil : au début, ça nous faisait marrer de le voir cavaler, avec sa guibolle de travers, il pouvait jamais nous attraper tellement il boite. On piquait un sprint et il se retrouvait comme un bouffon, tout seul. Mais au bout d'un moment on en avait marre, nous aussi, alors on allait plus loin, puisqu'on pouvait pas approcher du bassin.

Les Buttes-Chaumont, on pouvait pas y aller non plus, mais ça c'est la faute à Kaou. Au mois de juin, il s'était mis dans un plan baston avec les gardiens, pourtant, c'est des renois, comme lui. Enfin, pas tout à fait : eux, c'est des Antillais, alors que Kaou, il est zaïrois. Bref, ça date du jour où il a dégommé un cygne avec son lance-pierre. Une grosse bille en fer, qu'il lui a foutue, au cygne, en plein dans l'œil. Il vise super bien. Les gardiens, ils ont pécho Kaou pour l'emmener dans leur cabane, et là, ils ont appelé les keufs, mais Kaou il a réussi à se tirer, le coup de bol, la vérité ! Faut quand même plus qu'il aille traîner par là-bas et nous non plus parce que tout le monde le sait qu'on est ses copains, alors, on se méfie.

Des fois, quand on en avait vraiment trop ras le bol, on allait dans le métro en falche et on descendait aux Halles. C'est beau, mais faut faire super gaffe parce que là-bas c'est plein de keufs. Des fois aussi, on s'installait devant le Franprix avec nos skates et on faisait la compète en sautant par-dessus des cartons. On en attachait plein avec une ficelle et on prenait un super élan pour décoller; si on se viandait, c'était pas grave, parce que c'est mou, les cartons. Le Franprix, c'est génial pour ça parce qu'il y a une rampe qui descend vachement sec le long de la rue des Dunes, c'est là que les camions viennent pour livrer. Si les gens du magasin faisaient pas trop attention à nous, on entrait dans la réserve, pour chourer des packs de Yop.

Le soir, on retrouvait d'autres copains, ceux qu'allaient au centre de loisirs, ils revenaient au coin de la rue de Belleville, avec le car de l'école. Ils frimaient parce qu'ils étaient allés dans la forêt de Sénart, style ils avaient fait un voyage, un plan campagne, air pur et tout! Moi, je voulais plus y aller, au centre de loisirs. L'année d'avant, il y avait eu encore une embrouille, le portefeuille d'un mono qu'avait disparu, et le dirlo m'avait accusé. C'était même pas vrai, c'était Renaud, un keum de la cité, bâtiment F escalier D, qu'avait chouré. Même pas cap' de se dénoncer!

Le dirlo, il m'a ramené chez moi, et il a dit à ma reum que soit elle remboursait, soit il allait aux keufs direct. Vous avez le choix, il a précisé, l'enculé de sa mère. Ma reum, elle lui a filé ses vingt keusses, pour pas faire d'embrouille, et après, elle m'a pécho avec une des ceintures que le ieuv' il a laissé à la maison avant de se tirer. J'ai vachement dérouillé, pendant deux jours, j'ai pas pu me lever tellement j'avais mal. Cédric, mon grand frère, il me défend, d'habitude, même quand je déconne, mais là, il s'est écrasé.

– T'as pas le droit de faire des trucs pareils, il m'a dit. On se saigne pour que tu vives normalement, pour que tu manques de rien, et toi, tu penses qu'à faire le con !

Cédric, il a seize ans, il a un contrat d'apprentissage pour faire mécanique-auto, alors c'est sûr, il s'y voit déjà, avec au moins le SMIC, plus même, parce qu'il dit que si il se démerde bien, il peut se faire plein de thunes en réparant des caisses au noir. Mais c'est pas ça, son truc, il l'a dit à personne, mais moi je le sais. J'ai fouillé dans ses affaires une fois qu'il était pas à la maison. Il avait plein de brochures du SIRPA, c'est de la pub pour les militaires. Quand il aura dix-huit ans, il veut s'engager dans les commandos pour la Bosnie.

Je les ai vus à la télé, les keums des commandos, avec un casque et un gilet pare-balles, faut pas les faire chier, parce que sinon ils tirent dans le tas. C'est ça qu'il veut faire, en vrai, Cédric. Le CAP mécanique-auto, c'est pour de la fausse. Moi, ça me plairait bien aussi, commando pour la Bosnie, mais comme j'ai que douze ans, j'ai encore le temps. Faut que je trouve un truc pour me défendre, en attendant.

À la maison, y avait aussi ma sœur, Nathalie. Elle fait shampouineuse chez les coiffeurs chinois. Dans notre quartier, ils sont vachement nombreux, les Chinois. Ils ont des tas de magasins avec du matos hi-fi, des chaînes et des télés super chères, des modèles 16/9e, les mêmes que celle que monsieur Hardouin, notre voisin du palier, il s'est achetée le jour où il a gagné au Millionnaire. Même qu'on l'a vu à l'émission, tout l'immeuble était au courant.

Alors comme les Chinois ils sont riches, ils embauchent des froms, pareil que ma sœur Nathalie. Ils embauchent pas des reubeus ou des blacks, rien que des froms ! Sauf dans leurs supermarchés, là, ils prennent des pakis, il y en a plein qui sont arrivés dans le quartier. Pour porter les cageots, les pakis, ça colle, ils sont capables. Mais pour le reste, non, ils parlent même pas bien le français alors avec les clients, ça ferait des embrouilles. Faut comprendre, une meuf pakis, elle peut pas faire shampouineuse chez les Chinois, même bien sapée, ça ferait pas assez stylé. Faut des Blancs, ils sont pas cons, les Chinois, ils choisissent, c'est pour ça que Nathalie elle a pu avoir sa place.

Elle a eu de la chance. Toute la journée, elle fait des shampoings, c'est pas fatigant. Et puis dans le salon, il y a de la musique. C'est cool, ça sent bon, elle se salit pas, comme Cédric avec son cambouis. Elle rapporte des tas de produits, des shampoings démêlants deux en un, des gels, de la teinture pour se faire des mèches de toutes les couleurs, des trucs pour se peindre les ongles. Elle donne la moitié de sa thune à ma reum, et avec le reste, elle s'achète des CD ou des posters de Michael Jackson ou de Patrick Bruel, des collants Dim, du savon Cléopâtra, rien que des trucs de luxe mais comme c'est sa thune à elle, elle a le droit, c'est normal. Elle a même une télé pour elle toute seule dans sa chambre, Nathalie. Mais elle est pas égoïste, les crèmes et les shampoings, elle en file à ma reum, parce qu'elle a toujours été gentille avec elle. Ma reum, elle a pas de bol, elle a été fin de droits, et après CES, ça veut dire Contrat Emploi Solidarité. Quand je suis rentré en sixième, elle faisait agent d'entretien à la bibliothèque de la mairie.

*

Ouais, il me l'avait bien dit, monsieur Bouvier, que si je continuais à faire l'andouille, je pourrais jamais aller au collège normal, comme les autres copains de la classe. Total, à la rentrée de septembre, je me suis retrouvé à la SES, avec Kaou, Farid et Mohand et des tas d'autres élèves comme nous, qui venaient d'autres écoles qu'on connaissait pas.

La SES, ça veut dire Section d'Education Spécialisée ; ça nous a bien fait rigoler qu'ils aient besoin de spécialistes pour s'occuper de nous. Là où monsieur Bouvier il s'est gourré, c'est que la SES elle est en plein dans le collège normal, le collège Victor-Hugo. Les sixièmes normales, ils allaient dans le grand bâtiment, un truc super vieux, tout gris, avec des escaliers même pas en béton, en bois, alors que nous, nos classes, elles sont dans des algécos tout neufs. On est tout au fond de la cour, au bout du terrain de basket.

Le premier jour, c'est le dirlo, monsieur Belaiche, qui nous a parlé, super sérieux. Il est marrant, monsieur Belaiche, il ressemble un peu à Navarro, surtout l'accent et même le costume, un peu ringardos, mais qu'a dû lui coûter un max de thunes quand même. Il nous a dit qu'on avait beaucoup de chance parce qu'on allait avoir une prof super, mademoiselle Dambre. Elle était pas encore arrivée à cause de « problèmes administratifs », il a dit, monsieur Belaiche, mais ça allait pas tarder, alors en attendant, on devait rester tranquilles, avec le pion du collège qui allait nous garder. Comme il faisait beau, on allait souvent dans la cour jouer au foot, ou en balade au parc, ce qui plaisait pas à Kaou, à cause des gardiens qui pouvaient le pécho si jamais ils le reconnaissaient.

Moi, j'étais plutôt content d'être à la SES, mais pas Mohand, parce qu'il disait que monsieur Belaiche, c'est un feuj, et qu'il aime pas beaucoup les feujs. C'est son frère Mouloud qui lui a dit que les feujs, faut s'en méfier, c'est à cause d'eux qu'il y a eu la guerre avec les reubeus, dans le Golfe, il y a longtemps de ça, on peut pas se souvenir, on était trop petits. Mouloud, il est super sérieux, il va à la mosquée, et il essaie de se laisser pousser la barbe.

Dans le quartier, en plus des Chinois, y en a beaucoup, des feujs. C'est des drôles de types, avec des manteaux tout noirs et des chapeaux style gangster Chicago, noirs aussi. Ils ont la barbe, un peu comme Mouloud, mais leurs enfants aux feujs, ils viennent pas au collège, ils ont des écoles spéciales exprès pour feujs, il y en a une avenue Secrétan, même que les voitures ont pas droit de se garer devant, à cause des barrières. Mouloud nous a expliqué que c'est parce que les feujs ils ont la trouille des attentats, depuis la guerre du Golfe. C'est pour ça qu'ils mettent des barrières, des fois qu'il y ait une voiture avec une bombe dedans. Ils sont malins, les feujs, peut-être que tout le monde devrait faire pareil ? Il y aurait un collège pour les renois, un pour les reubeus, un pour les Chinois, et un normal, pour les Français. Comme ça personne chercherait la baston, on serait chacun chez soi, bien tranquille.

Mouloud il dit que c'est ce qu'il faudrait faire. Sur la Une, à Poivre d'Arvor, il a vu une émission sur New York, où il y a eu des super bastons entre les blacks et les feujs, justement. Il nous a aussi parlé de Los Angeles, un autre pays en Amérique où les blacks ils ont attaqué les magasins des Chinois. Les Chinois de Los Angeles, c'est des Coréens, mais c'est pareil. Les blacks ont attaqué les magasins des Chinois pour se venger, parce que c'était de la faute des Chinois si ils étaient dans la galère, eux, les blacks. Alors les Chinois ils ont sorti les fusils à pompe et ils leur ont tiré dessus et quand ils ont été blessés, les keufs sont arrivés.

Je sais pas si ça pourrait être pareil dans notre quartier, si les renois pourraient attaquer les magasins des Chinois, mais ça serait peut-être pas bon pour ma sœur Nathalie, parce que l'année dernière, elle est sortie avec un black de la cité : Steve. Ils sont pas sortis longtemps, mais ça a dû se savoir, forcément.

Ma reum elle était pas contente que Nathalie elle se montre avec un black devant tout le monde. Elle disait qu'on avait déjà assez de problèmes comme ça. Monsieur Hardouin, notre voisin du palier, il était de son avis, mais mon frère Cédric, il s'est mis en colère et il a dit que Nathalie avait bien le droit de faire ce qu'elle voulait du moment qu'elle travaillait et qu'elle rapportait de la thune à la maison.

Après l'histoire avec Steve, Mouloud il m'a coincé dans l'ascenseur de l'immeuble et il m'a demandé si j'étais cistra, comme ma reum. Je lui ai dit que non, mais il m'a répondu que j'avais qu'à faire gaffe, parce qu'il aimait pas ça. J'ai rien compris, parce que lui aussi il était cistra, si on raisonne comme ça ! La preuve, c'est qu'il a engueulé Steve en lui disant qu'il avait pas à sortir avec une céfran même si c'était Nathalie ! Alors, il y a pas de logique ? Faut pas déconner, quand même. De toute façon, entre Nathalie et Steve, c'était fini. On s'est engueulés pour rien.

*

À la SES, on a glandé pendant quinze jours en attendant que mademoiselle Dambre arrive. Monsieur Belaiche nous l'a présentée un lundi matin. C'était une meuf toute petite, vachement canon, avec une jupe à plis, un gros col roulé et des cheveux roux. Avec le bruit des chaises sur le lino, on avait du mal à entendre sa voix et elle pouvait pas parler trop fort, comme monsieur Bouvier, qui avait l'habitude du bruit. Elle a voulu faire style sympa, cool. Elle nous a dit que c'était la première fois qu'elle était prof, qu'avant elle était à la fac. Elle savait pas bien bosser comme monsieur Bouvier qui était super organisé avec ses cahiers bleus pour les maths, rouges pour le français, et tout. Mais si on l'aidait, si on y mettait tous de la bonne volonté, elle a ajouté, ça allait se passer très bien. Là non plus, il y avait pas de logique. Style on était dans un truc spécial échec scolaire, et on nous envoyait quelqu'un qui y connaissait que dalle !

Pendant les trois premiers jours, ça s'est plutôt bien passé. On a fait des dictées et des problèmes et là, mademoiselle Dambre, elle a tout de suite vu qu'on était pas des caïds. Les copains se tenaient peinards, ils se marraient, toujours à faire tomber leur stylo sur le lino pour pouvoir se pencher. Comme ça, ils pouvaient mater sous le bureau de la prof. Elle croisait les jambes et sa jupe remontait sans arrêt, mais elle le faisait pas exprès. Une fois, elle s'est arrêtée de parler pendant une leçon de géo, super étonnée, et elle a regardé Mohand qui était à genoux par terre.

— Mais qu'est-ce que vous faites, Mohand ? elle a demandé.

Mohand il était mort de rire, complètement éclaté, il pouvait plus s'arrêter. Elle a tapé sur le bureau avec sa règle.

— Y mate vot'teuche, m'dame ! il a crié, Kaou.

Mademoiselle Dambre est devenue toute rouge et elle s'est levée en tirant sur sa jupe. Du coup, toute la classe était pliée en quatre. Déjà qu'elle avait dit « vous » à Mohand, ça c'était déjà trop, en plus, Kaou qui lui balançait une vanne pareille, elle en pouvait plus. Elle est sortie et elle a fait tout un cirque dans le bureau de monsieur Belaiche pour que les parents de Mohand soient convoqués et qu'il soit puni. On l'entendait crier depuis la classe. Les parents de Mohand, ils sont jamais venus. On se déplace pas pour des conneries pareilles, quand même, elle aurait dû le savoir, mademoiselle Dambre. Les jours suivants, elle a mis un jean, comme ça, il y avait pas de problèmes de ce côté-là, personne pouvait plus la mater.

Des problèmes, il y en a eu d'autres, monsieur Belaiche s'en est vite rendu compte. On faisait le souk dans la classe, pire qu'avec monsieur Bouvier au CM2, sauf que là, on était pas que moi, Kaou, Mohand et Farid. On était quinze à déconner, et il aurait vraiment fallu un spécialiste pour section !

Mademoiselle Dambre a tenu le coup, mais un jour elle a craqué et elle a mis une baffe à Mohand. Alors là, il s'est pas laissé faire. Les reubeus, c'est plus fort qu'eux, ils aiment pas se faire commander par les meufs. Il a sorti son compas et il lui a planté dans la cuisse. Mademoiselle Dambre elle s'est mise à gueuler comme une dingue. Monsieur Belaiche l'a entendue, il est arrivé en courant dans la classe, il a attrapé Mohand et il lui a collé une nouvelle baffe. Mohand s'est débattu et il s'est sauvé du collège en bousculant le concierge qui faisait des grands gestes avec ses bras devant la grille.

Mademoiselle Dambre est pas revenue pendant une semaine. Congé maladie. Mais le père de Mohand, ce coup-ci, il s'est déplacé. On a cru que ça allait chier, qu'il allait bien se la donner avec monsieur Belaiche. Un feuj contre un reubeu, y avait pas mal de chances pour que ce soit chaud ! Mais le père à Mohand, il s'est pas véner, il a juste dit à monsieur Belaiche qu'il voulait pas qu'une meuf tape sur Mohand, que si quelqu'un devait taper, c'était lui. Monsieur Belaiche s'est marré et il a dit : « Justement, je voulais vous le suggérer. » Le père à Mohand, il a trouvé ça relou. Il a dit que son fils reviendrait plus à la SES, que de toute façon ça servait à rien.

— On verra, l'école est obligatoire jusqu'à seize ans ! il a rigolé, monsieur Belaiche.

On a recommencé à jouer au foot dans la cour ou à aller se balader aux Buttes-Chaumont avec le pion qui nous avait déjà gardés. Quand mademoiselle Dambre est revenue, elle était toute pâle et on voyait bien que ses mains tremblaient quand elle passait dans les rangs. Elle a divisé la classe en deux groupes, ceux qui savaient pas lire, ceux qui savaient, même juste un peu. Moi j'étais dans le deuxième groupe. On allait jouer au foot quand le premier groupe travaillait, et eux ils nous remplaçaient quand on était fatigués. Mademoiselle Dambre avait apporté des tas de photos pour scotcher sur les murs, des posters de la montagne ou de la mer. C'est pour que ça soit plus gai, la classe, ils font tous ça, les profs.

Pendant une dizaine de jours, c'était plutôt cool. On s'est juste fait engueuler une fois par un pion du collège parce qu'on avait envoyé le ballon dans un carreau, mais c'est tout. Ah si, une autre fois, on a eu piscine – exceptionnellement a bien précisé monsieur Belaiche – pour remplacer une cinquième renforcée anglais qui était partie en voyage à Londres, ce qui faisait qu'on pouvait prendre leur tour. Là, c'est Romain et Mustapha qui ont déconné.

Ils sont entrés dans le vestiaire des meufs d'une autre classe du collège. Ils se sont fait jeter mais en partant, ils ont piqué des affaires et ils les ont balancées dans l'eau. Tout, les culottes des meufs, les collants, les manteaux, ça a pas mal gueulé, mais c'était pas grave. Même que Romain, il sniffait les culottes avant de les balancer à la flotte.

À la SES, on était à part. On s'en foutait que les élèves des autres classes, ils nous traitent de gogols à la récré. Ils le savaient bien qu'on était pas une sixième normale avec anglais et tout. On avait notre coin de la cour, juste pour nous, pour pas se mélanger. Mademoiselle Dambre commençait à s'habituer à nous, elle avait compris que c'était pas la peine qu'on fasse des dictées et des problèmes puisqu'on savait pas, alors on faisait juste un peu lecture, foot et atelier BD.

Dans la cité, je voyais plus Mohand, et je me demandais où il était passé. C'est Farid qui a su le premier : le père de Mohand, il lui avait niqué la tête, mais grave. Du coup, avec ses coquards, il pouvait plus sortir de chez lui ni revenir à la SES pendant un moment. Moi et les copains, ça nous a foutu les boules que Mohand il se soit fait pécho juste pour l'histoire du compas. En classe on faisait la gueule, alors mademoiselle Dambre a décidé qu'on allait faire un «conseil pour vider l'abcès». C'est ça comme elle a dit, la vérité ! Un abcès, style on avait mal aux dents ! Vas-y, c'était n'importe quoi ! On a dégagé les tables et on a mis les chaises en rond ; ça a fait un super barouf, mais on s'est bien éclatés.

— Il faut vivre en bonne harmonie, elle a expliqué, mademoiselle Dambre. Je n'ai rien contre vous, bien au contraire, mais vous devez comprendre que votre camarade a eu un geste intolérable !

— Ouais, il a répondu Romain, mais vous, vous avez eu juste un peu mal, un coup de compas, c'est que dalle, alors que Mohand, il a failli mourir ! son père, il l'a vachement cogné, et c'est de votre faute !

— Écoutez, elle a dit, mademoiselle Dambre, je suis tout à fait disposée à faire la paix avec votre camarade Mohand, mais vous devez savoir que si son père l'a battu, ce n'est pas à cause de moi !

— À cause de qui, alors ? on a tous demandé.

— Eh bien, il ne venait plus au collège, sans motif valable et dans ce cas-là, l'assistante sociale intervient aussitôt : il y a eu un dossier transmis et les allocations familiales ont été supprimées, pour bien faire comprendre à Mohand et à ses parents que le collège, c'est une chose sérieuse et qu'on doit respecter certaines règles !

Elle se rendait pas compte, mademoiselle Dambre. Supprimer la thune des allocs, c'est dégueulasse. Avec sa paye, elle pouvait aller à la montagne ou à la mer, mais Mohand il risquait carrément de plus avoir à bouffer ! Déjà l'année dernière, il allait à Auchan, porte de Bagnolet, tous les soirs, pour taper des paquets de chips ou du jambon en plastique parce que chez lui, y avait pas assez. Il les mangeait sur place, vite fait, et il passait devant les caissières les mains vides.

— Ouais, bah ! vous êtes vraiment une belle salope ! il a crié, Mustapha.

— Retire immédiatement ce que tu viens de dire ! Et excuse-toi ! elle a répondu, mademoiselle Dambre, toute rouge.

— Vas-y, nique ta mère ! Ta mère la pute ! il a continué Mustapha, il a renversé sa chaise, et il a craché par terre en levant le doigt en l'air, çui du milieu, pour bien y faire piger, à mademoiselle Dambre.

Monsieur Belaiche est encore revenu dans la classe et il a dit qu'il en avait marre de nous. Il était tellement en pétard, il gueulait tellement fort qu'il a pas entendu quand quelqu'un a dit « sale feuj », sinon ça aurait été la baston, je suis sûr.

Le lendemain, en sortant du collège, mademoiselle Dambre a retrouvé sa voiture avec une vitre pétée. Elle a fait style comme si elle s'en foutait. Le surlendemain, Mohand est revenu au collège mais monsieur Belaiche l'a pas mis avec nous. Il l'a envoyé direct à l'atelier menuiserie, où ils vont, les quatrièmes de la SES. Une « mesure temporaire », il a dit, monsieur Belaiche.

Celui qui s'occupe de la menuiserie, c'est monsieur Grenier, un ieuv' avec des cheveux tout blancs que personne peut piffer parce qu'il est super salaud.

— Les bronzés, j'en fais mon affaire ! il a dit à mademoiselle Dambre, en attrapant Mohand par la nuque et en serrant fort. Avec eux, il ne faut pas hésiter ! Hein Mohand ? Tu vas voir, ça va te plaire la menuiserie, mais il faut faire bien attention avec les outils parce qu'on a vite fait de se blesser ! Comme avec les compas !

L'enculé de sa mère, il s'est marré en envoyant un clin d'œil à mademoiselle Dambre, genre il la draguait, ma parole. Elle a haussé les épaules, elle nous a tous regardés et là, ça a été plus fort qu'elle, elle s'est mise à chialer.

— Allez, mademoiselle Dambre, j'ai dit, on vous en veut pas mais la prochaine fois, faites gaffe, parce qu'après, c'est nous qu'on galère, si monsieur Belaiche il fait un rapport à la mairie ou aux keufs ! Faut pas rigoler avec ces trucs-là…

*

Et ça a continué comme ça jusqu'à l'hiver. On retrouvait Mohand à la sortie du collège et on allait zoner dans la cité. Quand il pleuvait, on s'asseyait dans la cage d'escalier de l'immeuble. J'ai la rage, il disait Mohand.

Monsieur Grenier, il le tenait à l'œil. Une fois, il lui a fait tomber un gros morceau de bois sur le pied, exprès. Mouloud, le frère de Mohand, il sait des tas de choses, parce qu'il les apprend à la mosquée. Il nous a expliqué que monsieur Grenier c'était vraiment une ordure, il allait dans des manifs où les gens gueulent vive la France, la France aux Français, des trucs de cistra, et que quand il était jeune, il avait fait la guerre en Algérie contre les Arabes.

— Mais maintenant, il nous a dit, Mouloud, c'est nous qu'on va leur en mettre plein la gueule, aux étrangers, à l'Occident !

Je comprenais pas grand-chose à sa tchatche, à Mouloud. Il parlait des gens de la mosquée, là-bas, en Algérie, comme quoi avec l'aide de Dieu ils allaient faire le ménage une bonne fois pour toutes, et tout purifier dans le sang, des trucs comme ça.

Farid et Mohand l'écoutaient, vachement épatés, mais moi j'étais un peu gêné puisque je suis pas reubeu, et donc j'en ai rien à foutre. Kaou aussi, ça le regardait pas, ces embrouilles, mais Mouloud lui a expliqué qu'au Zaïre aussi, ils vont à la mosquée et que du coup, il était concerné. Là, j'étais vraiment largué.

— Vaut mieux qu'on reste entre nous ! il a dit, Mouloud.

Il s'est tiré de la cage d'escalier avec Farid, Mohand et Kaou. Je suis resté tout seul, je repensais aux feujs qui ont leurs écoles exprès pour eux, aux Chinois de Los Angeles qui tirent sur les blacks, à tout ça. Je me suis dit que les Français, ils ont qu'à se défendre aussi, après tout.

Sauf que pour nous, il y a pas de mosquée. Dans la cité, il y a une chapelle avec un curé qui fait des prières. Il passe souvent dans les couloirs de l'immeuble, pour discuter avec les gens. Un jour, il a aidé ma reum à remplir un dossier pour avoir de la thune avec la CAF. Mais ses histoires de Jésus, je trouvais ça chelou. Une fois, il m'avait pas lâché la grappe avec ça, et après, on m'a dit que Jésus, au départ c'était un feuj', alors je me suis dit que si on change tout le temps, un coup feuj, un coup pas feuj, et pourquoi pas un coup reubeu, on risque pas d'y voir clair !

*

Petit à petit, j'ai compris que c'était pas de la rigolade, leur truc. Mohand, Farid et Kaou me faisaient vraiment la gueule, même que Kaou m'a pas rendu ma cassette de *Colors* que je lui avais prêtée, celle que mon frère Cédric m'avait offerte pour mon anniversaire. En classe, on se parlait plus ni dans la cour de récré, même pas à la cantine, ils avaient fait exprès de changer de table. J'étais obligé de manger avec des sixièmes normales, puisque la table de Romain était déjà pleine.

— Tiens, v'là un gogol, a ricané une meuf, un jour que je m'asseyais à côté d'elle avec mon plateau.

Je lui ai envoyé l'assiette avec les saucisses et la purée sur la tête et le pion m'a collé une baffe.

— Ah, toi aussi, tu t'y mets ? il m'a demandé en soupirant, monsieur Belaiche, quand on m'a amené dans son bureau. Je suis obligé de t'exclure de la cantine pendant une semaine…

Il a envoyé une lettre avec réception comme les huissiers à ma reum, et à la maison, ça a encore été le cirque. Mais finalement, malgré la dérouillée que j'ai prise, ça m'a pas pris la tête de plus manger à la cantine. Je rentrais chez moi le midi, peinard, et j'ouvrais un steak haché Findus ; c'est Nathalie qui faisait les courses, elle les achetait par boîtes de douze. C'est des promotions qu'ils font, à Auchan, comme ça on dépense pas trop. Faut dire la vérité, Auchan, c'est bien.

La cantine, c'est vite devenu un sujet de discussion, à la maison. Tous les jours, c'était les engueulades.

— Il est mieux ici, tout seul, qu'avec les voyous ! il a dit Cédric, un soir qu'on était en train de manger. Déjà qu'il les supporte en classe, ça suffit comme ça !

Nathalie, elle se mêlait jamais des salades. Elle planait avec son walkman, toujours à se peinturlurer les ongles.

— Après tout, oui… elle a soupiré, ma reum. Si tu le dis…

Du moment qu'on lui évite les emmerdes, elle est d'accord. Déjà, quand mon père vivait encore avec nous, elle était comme ça. Elle est fatiguée et elle a des tas de soucis, alors d'habitude j'essaie de pas lui prendre la tête. Comme Cédric. Il est sérieux, avec sa mécanique-auto dans un garage, même s'il va pas en Bosnie, ça la rassure, ma reum.

Mais là, la petite pouffe de la cantine, elle m'avait bien foutu les boules. Je suis pas un gogol. Je sais ce que c'est, les gogols, il y en a un dans la cité, au 18, escalier C. J'ai pas une tête comme la sienne. Quand les sixièmes normales ils nous traitaient de gogols, je m'en foutais, on était tous ensemble, avec Farid, Mohand et Kaou. On avait notre table à la cantine, et personne venait nous chercher l'embrouille. Mais de me retrouver tout seul et de me faire traiter, ça m'a pas fait pareil.

J'ai essayé de leur expliquer ça, à Cédric,

Nathalie et à ma reum. On avait fini de manger, Nathalie débarrassait la table, Cédric attendait les résultats du Loto à la télé, il joue des grilles avec ses copains du garage. Des fois il gagne et il donne la moitié de sa thune à ma reum. Du coup, personne faisait gaffe à ce que je disais.

*

Je suis plus jamais retourné à la cantoche. C'était mieux comme ça. Sinon, la petite pouffe de la sixième normale, j'allais y faire la peau. Le midi, en sortant du collège, je rentrais à la maison, et je pensais tout le temps à cette meuf qui m'avait traité. Je l'avais bien repérée, elle était dans la sixième B, une classe où ils mettaient ceux qui sont les plus forts. Ils faisaient anglais, plus allemand, tout renforcé, je le savais parce que Damien, il y était. Damien je le connaissais puisqu'il était dans mon CM2 chez monsieur Bouvier. On était pas vraiment copains, mais il me racontait.

La pouffe, elle s'appelait Clarisse. Elle était vachement belle, avec ses nattes, et son anorak Togs Unlimited, et ses Nike-air, plus des jeans 501, des trucs qui coûtent la peau des couilles. Je l'ai suivie à la sortie du collège, y a sa reum qui venait la chercher, même pas cap' de rentrer chez elle toute seule, la meuf ! Elle habitait rue Remy-de-Gourmont.

C'est pas une rue comme celles de la cité, c'est des petites maisons juste à côté des Buttes-Chaumont, mais on les voit pas, il faut monter un escalier par la rue Manin, tourner à droite, et là, il y a des pavés comme dans le temps, des arbres qui sont même pas esquintés, des petits bancs qui sont même pas tagués, des lampadaires pas déglingués. C'est drôle, c'est juste à deux cents mètres de chez moi mais j'y étais jamais allé. C'est là qu'elle habitait, Clarisse.

Elle avait pas vu que je la suivais. Un gogol, forcément, on fait pas attention à lui. Sa reum à Clarisse, elle l'a raccompagnée, et puis elle est tout de suite repartie. Elle avait une toute petite bagnole, une Austin, et elle était sapée classe, comme dans les pubs de la télé, avec un futal en cuir et des colliers en diamant, la vérité. C'est pas comme la mienne, avec ses robes de chez Tati, on dirait qu'elle les découpe dans des rideaux. Je m'en foutais, de Clarisse, de sa reum, de l'Austin, et de la rue Remy-de-Gourmont. Mais maintenant, je savais où elle créchait, alors fallait plus qu'elle me traite de gogol, sinon j'y ferais la peau. Pas au collège, pour risquer de me faire pécho : juste à la sortie de chez elle !

*

Je m'y suis habitué, à être tout seul, même le mercredi, quand on avait pas classe. Mouloud, il emmenait les copains à la mosquée, une cave qu'ils avaient aménagée, dans la cité, bâtiment 8, escalier D. Ils enlevaient leurs baskets avant de rentrer là-dedans, je sais pas pourquoi, une manie de reubeu... Mouloud leur lisait un livre vachement beau, avec une couverture en cuir, le Coran, ça s'appelle.

Moi, je regardais mes cassettes à la maison toute la matinée, des Schwarzenegger, ou des trucs d'horreur avec des fantômes et des monstres, ou bien encore *Massacre à la tronçonneuse* que j'avais chouré au vidéo-club où Cédric il était inscrit. C'était cool, Nathalie était chez ses Chinois à shampouiner, Cédric au garage, et ma reum, quand elle passait pas la serpillère à la mairie, elle faisait la queue à la Sécu ou à la Caf pour les dossiers, on a toujours des dossiers en retard.

L'après-midi, j'allais aux Buttes, avec mon skate. Là-bas, c'est comme devant chez Franprix, mais en mieux. Il y a une butte qui grimpe sec, avec un super virage en épingle à cheveux, faut pas se planter, sinon on se viande dans les platanes, ça pardonne pas. Un jour, j'ai même rencontré mademoiselle Dambre. Elle ramassait des feuilles et des morceaux d'écorce pour nous faire une leçon de botanique, comme pour les sixièmes normales, sauf qu'eux ils ont des microscopes, ça rigole pas, ils étudient pour de vrai.

Elle m'a vu avec mon skate sous le bras et elle m'a appelé. J'avais la trouille qu'un keum de la classe me voie avec elle, ça aurait fait style lèche-cul, mais coup de bol, il y avait personne. Elle m'a emmené au bistrot qui est juste en face de la grande entrée du parc et elle m'a payé un Rio. Elle, elle a pris un thé.

— Tu as fais beaucoup de progrès en lecture, elle m'a dit. J'espère que tu vas t'accrocher !

Elle avait pas son jean, comme d'habitude, elle avait remis une jupe, comme le jour où Mohand avait voulu lui mater la teuche, sous son bureau. C'était des conneries, il était vraiment nul, Mohand ! Mademoiselle Dambre, elle portait une culotte, elle allait pas venir au collège sans culotte ! Faut être con comme Mohand pour s'imaginer des trucs pareils, qu'il allait pouvoir y mater la teuche sous sa jupe ! J'ai rien dit. À ce moment-là, je me souvenais de ma sœur Nathalie, dans la salle de bains. Je l'avais vue, sa teuche, avec plein de poils autour. C'est ma sœur, mais ça m'avait fait tout drôle.

— N'est-ce pas que tu vas t'accrocher ? elle a insisté, mademoiselle Dambre.

J'ai fait ouais ouais, histoire qu'elle me foute la paix. Quand je me suis levé, elle m'a passé la main dans les cheveux. J'ai eu comme un frisson, un truc bizarre. Je lui ai dit salut, à demain, et je l'ai laissée avec son sac en plastique rempli de feuilles mortes et de morceaux d'écorce.

En rentrant à la maison ce soir-là, j'ai tout de suite compris que Cédric, il avait quelque chose de grave à me dire. Il m'a entraîné dans notre chambre, et il m'a pris par les épaules.

— Je me tire, il a fait, j'ai signé un contrat avec un garage à Roanne, c'est en province. C'est plus de l'apprentissage, le patron, il a bien vu que je savais me démerder, alors il est prêt à me faire confiance... tu vas rester seul avec M'man et Nathalie. Fais pas le con, je compte sur toi. Je vous enverrai des mandats.

Il a bouclé sa valise le lendemain. Tchao. Et comme s'ils s'étaient donné le mot, trois jours plus tard, Nathalie nous a fait la totale, avec ses ongles peints en rouge et son gel sur les tifs, elle voulait se mettre à la colle avec un type qu'elle avait rencontré en boîte. Un électricien qui bossait sur les chantiers d'Euro Disney. Il habitait un studio aux Francs-Moisins, une cité de Saint-Denis, comme ça on pourrait aller la voir en prenant le métro.

— Si tu penses qu'il est sérieux, elle a soupiré, ma reum. Pourquoi pas ? Il est français ?

— Portugais... elle a répondu, Nathalie.

Elle était soulagée, ma reum, un 'tos, c'était quand même mieux que Steve, le renoi qu'elle nous avait ramené la dernière fois. Avec les blacks, faut se méfier, des fois ils ont plusieurs meufs et ils leur font des coups de vice, genre elles triment pour eux, ils les dérouillent et tout. C'est des futés. D'un autre côté, les 'tos, ils ont pas la réputation d'être malins, mais ils cherchent jamais l'embrouille, on le dit partout dans la cité.

Elle aussi, elle a bouclé sa valoche, Nathalie. Du coup, j'avais une piaule pour moi tout seul, et ma reum aussi, puisqu'elle partageait la sienne avec Nathalie. Tout ça, ça s'était passé en une semaine, il a vite fallu s'habituer.

C'était géant, le F3 rien que pour nous, ma reum et oim, d'un seul coup ça faisait vachement grand. Nathalie a été super sympa, elle m'a laissé sa télé puisqu'il y en avait déjà une chez son portos. Je l'ai installée dans ma chambre avec le magnétoscope. Ma reum, elle regarde pas les cassettes, ou alors des films d'amour vachement tristes, des trucs même pas en couleurs, y a que ça qui lui plaît. Elle s'en foutait que je prenne le magnétoscope pour moi, il lui restait l'autre télé dans le living, elle pouvait regarder les jeux et *Sacrée Soirée*, ça aussi elle aime.

*

C'est après les vacances de Noël que j'ai rencontré Djamel. Je savais pas qu'il s'appelait Djamel, c'est seulement après que j'ai su son nom, forcément. C'était dimanche et j'étais allé à Saint-Denis, chez Nathalie et son portos, Antonio il s'appelle. On avait mangé chez eux, un truc que j'ai pas aimé avec de la morue, comme ils font les portos, et ça s'était mal passé avec Antonio. Style il voulait me taper la frime comme quoi puisque j'avais plus de père il allait s'occuper de moi.

Pendant qu'on bouffait il m'a bien pris la tête avec sa tchatche, soi-disant qu'il allait me trouver une école où ils allaient m'apprendre un bon métier. Nathalie elle s'écrasait comme d'habitude, elle lisait *Biba*, un article sur les shampoings qui donnent de l'allergie, évidemment, avec son travail, c'était important pour elle. Nathalie, elle claque un max de thune pour se payer des journaux avec des photos en couleurs de mannequins. Celle qu'elle admire le plus c'est Cindy Crawford, je comprends ça parce qu'elle est encore plus canon que mademoiselle Dambre, et toutes les meufs, elles veulent lui ressembler.

Alors ils étaient là, tous les deux, à me prendre la tête, Antonio qu'arrêtait plus de me parler de son chantier à Euro Disney, comme quoi le chômage c'est de la déconnade, pour les keums qui en veulent, y a toujours du boulot, mais pas pour les feignants, c'est pour ça qu'il faut faire une bonne école professionnelle ! Et Nathalie qui l'écoutait même pas, parce qu'elle découpait des photos de Cindy Crawford pour les scotcher sur les murs de leur studio.

Tout à coup j'en ai eu ras le bol et je me suis tiré en claquant la porte. Antonio m'a couru après, mais je l'ai largué dans les allées des Francs-Moisins. C'était super fastoche, tellement c'est pareil que notre cité à nous, tous les bâtiments se ressemblent, en dix minutes, à tourner en rond, on sait plus où on est si on connaît pas par cœur. En plus Antonio, pendant tout le repas, il avait pas mal picolé, du Vinho Verde, un pinard de portos qui le faisait bafouiller, alors déjà qu'il en avait un coup dans le nez, il pouvait vraiment pas me rattraper.

J'ai pris le métro pour retourner chez nous, et c'est sur le quai que j'ai vu Djamel pour la première fois. Le dimanche après-midi, y a pas grand-monde sur les quais de Saint-Denis-Basilique. Djamel, il était avec deux autres keums, des reubeus, et ils avaient branché une meuf, vachement belle, une céfran comme moi, assise sur les bancs de la station, style ils la baratinaient, mais ça risquait pas de marcher d'abord parce qu'ils étaient trois, en plus, la meuf c'était pas le genre à sortir avec un reubeu, même tout seul. Et d'une c'était une adulte, vingt-cinq ans je dirais, et de deux, Djamel et ses copains, ils devaient avoir dans les seize ans, comme mon frère Cédric. La meuf, elle était pas sapée super classe comme Cindy Crawford, plutôt le genre Kookaï comme on voit à la télé, c'est déjà pas mal comme look. Quand ils ont commencé à la peloter, ça a été très vite. Elle s'est mise à gueuler, et elle a envoyé une claque à Djamel. Il avait la joue toute rouge.

— Salope, ta mère la pute ! il a dit.

Les reubeus, je sais pas pourquoi, ils traitent tout de suite. Ils ont vite fait de se véner, mais des fois, vaut mieux garder son calme. Un des copains de Djamel a pécho le sac à main de la meuf, mais elle le tenait par la lanière et elle a gueulé encore plus fort.

Moi je regardais, assis un peu plus loin sur un banc. À ce moment-là, à l'autre bout du quai, j'ai entendu gueuler des contrôleurs du trom'. Ils étaient deux. C'étaient pas ceux des brigades spéciales, avec leurs rangers, leurs lacrymos et leurs tonfas, des matraques encore plus balaises que des nunchakus, non, ceux-là de contrôleurs, c'étaient que des pauvres keums avec une casquette et des tronches de picolos, en plus. On était dimanche, mais ils bossaient quand même, ces enculés de leur mère !

Les contrôleurs, je peux pas les saquer. Un jour, avec Kaou, on était passés en falche en sautant par-dessus les tourniquets à Corentin-Cariou, et il y en a qui nous ont péchos. Ils nous ont emmenés dans leur bureau et style comme s'ils étaient des keufs, le droit de tout faire, ils nous ont dit de baisser nos joggings, exprès pour nous emmerder. Juste histoire de nous fouiller. Il y avait une salope avec eux, une contrôleuse aussi, une vraie tepu avec du rouge à lèvres plein sa bouche, elle matait nos zobs, et elle s'est foutue de la gueule de Kaou parce que le sien était coupé. Circoncis, ça s'appelle, comme ils font les feujs et les islams. Après ils nous ont dit de nous tirer, mais que la prochaine fois qu'on avait pas de ticket et qu'on passait en falche, ils nous emmenaient carrément à la brigade des mineurs.

Bref, ce dimanche-là, sur le quai de Saint-Denis-Basilique, la meuf avec ses sapes Kookaï elle continuait de gueuler, et Djamel et ses copains essayaient toujours de lui tirer son sac à main. Les contrôleurs couraient sur le quai pour se rapprocher. Ils allaient passer juste devant moi.

— Ordures de saloperie de bougnoules ! il a gueulé, le premier.

C'était un cistra, y avait pas de doute. On dit pas bougnoule, quand on est éduqué. Reubeu ça passe encore, ils ont l'habitude, mais bougnoule, c'est carrément grave ! Même si je suis pas reubeu, personnellement, j'aimerais pas qu'on me traite ça comme. Même si les reubeus, eux aussi ils traitent vite fait, je cherche pas à dire le contraire.

Les reubeus, ils ont protesté contre le racisme, c'est Mouloud, le frère à Mohand, qui nous avait expliqué ça, du temps où on était encore copains. Ils ont fait des marches, des manifs, pour qu'on leur foute la paix, pour que les salauds comme monsieur Grenier, le prof de menuiserie à la SES, ils arrêtent leurs manifs à eux, style vive la France, la France aux Français. Ils avaient raison, les reubeus : si on se défend pas, on est de la merde, je vois bien, ma reum, si elle savait mieux se défendre, elle serait pas toujours à gratter la thune à la CAF ou à l'assistante sociale.

Je sais que j'explique pas bien. Je veux pas chercher des excuses ni prendre la tête à personne – la vie de ma mère ! – mais même monsieur Bouvier et mademoiselle Dambre, ils nous ont toujours appris que le racisme c'est dégueulasse. Ils le disaient pas avec des gros mots comme moi, ils expliquaient avec des phrases de l'école, y avait même un grand poster sur le mur de la classe, Déclaration des Droits de l'Homme et du Citoyen, on comprend mieux avec les mots qu'il faut.

Bref, pendant que les contrôleurs couraient le long du quai, moi, j'ai pas eu le temps de réfléchir. Le premier était déjà passé, il avait sorti sa bombe lacrymo, et il fonçait sur Djamel. J'ai tendu ma jambe quand le deuxième il m'a doublé. Ouais, je l'ai fait, j'ai juré de tout dire, alors je dis tout. Il a trébuché et il s'est rétamé sur le quai, il s'est planté la tronche contre un banc. Il était esquinté grave, avec plein de sang qu'a pissé de son nez.

La suite, j'ai pas bien vu. Je me suis tiré par la sortie qui était à l'autre bout de la station. Avant de monter l'escalier, je me suis retourné. La meuf, elle avait fini par lâcher son sac à main, parce qu'un des copains de Djamel lui cognait dessus et lui tirait les cheveux. Djamel, pendant ce temps-là, il avait sorti un cutter pour niquer la gueule au premier contrôleur, là-çui qu'avait la lacrymo, mais il a même pas eu le temps de s'en servir, c'est Djamel qu'a été le plus rapide, la vérité ! La bombe, elle est tombée sur le quai. Djamel l'a ramassée et en a collé une bonne giclée dans la gueule du contrôleur. Il chialait, le cistra, il en pouvait plus, déjà qu'il avait du sang plein les yeux, parce que Djamel l'avait bien pécho avec le cutter ! La vérité, je mens pas. Après, ils se sont arrachés de la station Saint-Denis-Basilique avec le sac de la meuf, par l'escalier mécanique, c'était plus rapide.

Moi, je marchais super vite sur l'avenue de Paris. J'avais les boules. Personne pouvait savoir qui j'étais, mon nom et tout, mais si les keufs faisaient une rafle et que je me faisais pécho, les contrôleurs pouvaient me reconnaître ! C'était sûr que j'allais à Fleury direct, quartier des mineurs, et là-bas, c'est carrément galère. Je le sais parce que Béchir, le grand frère à Farid, il a un copain reurti[1] qu'a pris six mois ferme.

Djamel et ses copains, ils couraient derrière moi sur l'avenue. Je me suis retourné, un peu véner qu'ils me suivent mais ils pouvaient pas faire autrement, il fallait qu'ils se cassent. Ils voulaient pas aller à Fleury eux non plus, surtout qu'avec les contrôleurs, cistras comme ils étaient, ils avaient aucune chance ! Déjà que la meuf Kookaï allait pas mal les charger, c'était pas le moment de zoner dans le coin !

Djamel m'a pris le bras en me doublant sur le trottoir. Il était essoufflé. Il m'a tendu son paquet de Marlboro, style classe, avec un sourire genre Clint Eastwood dans *Inspecteur Harry*, un film géant où il éclate la gueule à tout le monde avec son 357

1. Reurti : verlan de tireur, voleur.

Magnum. J'avais la cassette dans ma chambre, à la maison.

La Marlboro, j'en ai pris une, j'allais pas refuser, quand même ! C'était bien grâce à moi s'il avait pu le tirer, le sac de la meuf, Djamel ! J'avais déjà méfu, avec Mohand et Kaou, un soir qu'on était assis dans les escaliers de l'immeuble.

Ce jour-là, y avait eu toute une embrouille à cause des boîtes à lettres qu'avaient été niquées mais c'était pas nous, c'était la bande des zaïrois de l'escalier F bâtiment G. Je me souviens plus bien des détails, mais bref j'avais déjà méfu, pas des Marlboros pareilles que celles de Djamel, des Craven, c'est presque la même chose.

On marchait.

— Heureusement que t'étais là, ce bâtard de contrôleur, il allait nous faire un coup de vice ! il m'a dit, Djamel. La meuf, on y a pécho sa carte bleue !

Il m'a montré le sac avec toutes ses affaires, ses trucs à maquillage, ses Tampax comme Nathalie, plus un walkman et un portefeuille. La meuf, elle avait marqué un numéro sur un carnet, 8412. Djamel il était sûr que c'était le numéro de la carte, on allait pouvoir taxer de la thune à un distributeur si on faisait vite.

On s'est éloignés de Saint-Denis-Basilique, et

on est arrivés à La Fourche. Y avait une banque du Crédit Lyonnais. Djamel il a mis la carte dans la machine, il a fait le code et ça a marché. Il a taxé trois mille balles, cool. Il a partagé avec les deux autres reubeus, mais il m'a filé cinquante keusses.

C'était pas un plan nul, de la thune, j'en avais jamais eu autant ! Sauf une fois à Noël, il y a trois ans, quand Cédric il m'avait donné deux cents, plus monsieur Hardouin, notre voisin du palier, qu'avait gagné au Tac au Tac et qui m'avait filé trois cents. Je m'étais acheté la cassette de *Cannibal Holocaust*, plus celle des *Tortues Ninja* et il me restait assez pour des boîtes de Transformers. Mais ça, c'était quand j'étais petit au CE2, chez madame Susini ; j'aimais bien jouer aux Transformers, mais maintenant c'est fini.

Après La Fourche, on a encore marché, avec Djamel et ses copains, jusqu'à place Clichy. On avait plus la trouille, même si les keufs nous contrôlaient, parce qu'on avait largué le sac de la meuf dans un égout. Y'avait plus de preuves. Ils m'ont demandé où j'habitais et tout. Ils ont acheté un MacDo place Clichy, mais moi comme j'avais déjà bouffé chez Nathalie, j'ai juste pris un Fanta orange. Après ils ont commencé à taper la discuss' entre eux comme quoi avec le fric, ils pouvaient aller se faire sucer rue Saint-Denis, chez les tepus.

Aziz, un des potes à Djamel, il a expliqué qu'à La Chapelle, sur le périph, c'était moins cher que rue Saint-Denis, mais Djamel lui a dit qu'il était relou, que sur le périph, les meufs, c'étaient des toxes et qu'on pouvait pécho le sida. Ce jour-là, j'ai pas bien pigé l'embrouille, alors je les ai laissés parler. Finalement ils ont choisi la rue Saint-Denis et ils m'ont demandé si je voulais venir avec eux.

Moi j'en avais rien à secouer de leur truc de se faire sucer, je voyais pas pourquoi j'allais claquer le fric que j'avais gagné dans des conneries pareilles. Une fois, à la maison, mon frère Cédric il avait ramené une cassette X-hard, et je l'ai regardée quand il était pas là, ni ma reum non plus. J'avais vu le truc, des meufs qui suçaient, je savais bien comment elles faisaient, et les keums qui se faisaient un plan délire avec ça, style ils en pouvaient plus, ça leur faisait tout bizarre, j'avais trouvé ça chelou.

Ma sœur Nathalie elle était rentrée plus tôt que d'habitude de son salon de coiffure chez les Chinois, je l'ai pas entendue, du coup elle m'a collé une baffe et elle a balancé la cassette au vide-ordures. Après, le soir, y a eu toute une salade avec Nathalie, Cédric et ma reum comme quoi c'était pas un spectacle pour moi. Ils étaient d'accord, tous les trois et ça m'a bien véner. Style j'étais un gogol, même pas foutu de savoir comment on fait dans ces cas-là ! Je veux dire, niquer, c'est pourtant pas un mystère.

Nathalie, en plus, elle était pas gênée de me dire ça. J'ai pas voulu la ramener sinon elle allait me prendre encore plus la tête mais j'aurais pu lui dire que du temps où elle sortait avec son black, Steve, une fois je les avais vus se faire des trucs dans sa piaule et ça c'était pas de la vidéo ! J'étais rentré plus tôt parce qu'y avait une grève à l'école chez madame Susini, au CE2.

Nathalie, elle avait même pas fermé sa porte, j'ai entendu du bruit genre elle était mal, elle était en plein délire comme quand on a de la fièvre, et Steve, la vérité, il lui léchait la teuche. J'ai bien vu, en poussant un peu la porte. J'ai rien pigé. Même que je me suis demandé si par hasard il avait pas soif et que ce dégueulasse il était pas en train de boire sa pisse. Avec les blacks on sait pas ce qu'ils peuvent inventer genre coup de vice, des fois que ce soit un truc à eux, comme quand les reubeus ils enlèvent leurs pompes pour entrer dans la mosquée, par exemple. Alors il faut pas me prendre la tête si je mate des cassettes à la télé. La vérité, des fois, Nathalie elle est trop.

Avec Djamel, Aziz et l'autre reubeu, Saïd, il s'appelait, on a encore marché jusqu'à Strasbourg-Saint-Denis. J'avais super mal aux pieds, j'étais crevé, mais Djamel il était marrant, il racontait que des conneries et ça me faisait poiler, alors j'ai suivi. Rue Saint-Denis, ils passaient devant les meufs. Fallait voir comment qu'elles étaient sapées, pas Kookaï, pas Cindy Crawford, la vérité ! C'est tout juste si on leur voyait pas la teuche sous leur jupe toute décousue jusqu'aux fesses ! Carrément style tepu, comme Zora, la sœur à Dragovic, le yougo du bâtiment E, dans la cité !

Celle-là, la Zora, justement monsieur Hardouin, notre voisin d'en face sur le palier, il a expliqué à ma reum qu'elle se faisait mettre pour de la thune, que tout le monde le savait et que c'était un scandale qu'on tolère ça. Son studio, c'est vachement connu dans la cité, y a plein de keums qui viennent chez elle. Tout le monde le sait parce qu'elle a mis son téléphone dans *Paris Boum Boum* comme quoi elle fait des massages. Quand ils en avaient parlé, ma reum et monsieur Hardouin, je savais pas ce que c'était « mettre », mais j'ai compris que c'était grave, à voir la tête que ma reum elle a fait. J'en ai parlé le soir, dans notre chambre, avec Cédric, et il m'a expliqué. C'est comme ça que j'ai su.

Djamel, Saïd et Aziz, ils ont tourné pendant un

bon moment rue Saint-Denis, à mater les meufs et à tchatcher entre eux. Je comprenais pas tout parce qu'ils parlaient moitié reubeu moitié céfran, mais finalement ils se sont pas fait sucer comme ils voulaient parce que les tepus elles les ont jetés. Tout ça juste parce qu'ils étaient reubeus, la vérité !

C'est dégueulasse, les reubeus, ils ont vraiment pas de bol. Les meufs, c'était des cistras. Moi, je comprenais pas, c'était vraiment relou de pas prendre la thune à Djamel et à ses copains, si ils payaient comme tout le monde, si ils faisaient pas d'embrouille, surtout si ils traitaient pas, évidemment, faut être logique, quand même. C'est vrai, les reubeus, ils traitent vite fait mais là, avec les meufs de la rue Saint-Denis, Djamel et ses copains ils faisaient des efforts pour être polis, je les ai bien entendus leur parler, aux tepus, s'il vous plaît et tout.

Au bout d'un moment, Djamel il m'a expliqué que c'était parce que j'étais avec eux que les meufs elles voulaient pas les sucer. Avec un mineur il paraît qu'elles se méfient. Djamel aussi il était mineur, mais ça se voyait presque pas, mais moi si. Alors il m'a dit d'aller l'attendre au Mac Do de la place de la République, qu'il me rejoindrait quand ça serait fini.

J'ai attendu un bon moment. J'avais un peu faim, ça m'avait crevé de marcher depuis Saint-

Denis-Basilique. Je me suis payé un cheese plein de ketchup et une gosette à la compote de pommes. Djamel est revenu tout seul, vachement véner ; ça avait pas marché. Même sans moi, les meufs elles voulaient pas sucer. Du coup, c'était pas ma faute, j'étais bien content que Djamel il puisse pas me faire un plan galère, style je lui niquais ses chances de réussir.

— Je zone toujours du côté de Besbar, il m'a dit. Si tu veux, tu viens devant le Hammam, sous le tromé, tu me trouves...

*

Le lendemain, quand je suis rentré du collège, ma reum elle était super contente. L'assistante sociale, à la mairie, elle lui avait trouvé un boulot. Pas un emploi solidarité, un truc de bouffon, non, un vrai ! À l'hôpital Lariboisière, à côté de Barbès, justement. Ma reum, elle devait répondre au standard, c'était génial, le seul problème c'est que c'était la nuit. Elle devait commencer à sept heures le soir, jusqu'à cinq heures du matin.

On a discuté si elle allait accepter, si j'allais savoir me débrouiller tout seul pour la bouffe, le soir, et tout. Je l'ai rassurée, c'était pas le moment de l'emmerder, pour une fois que je pouvais l'aider. Elle a dit oui. Monsieur Hardouin, notre voisin du palier, a promis qu'il me surveillerait et même qu'il hésiterait pas à m'engueuler si je faisais des conneries. C'était normal.

Son boulot, à ma reum, ça a commencé tout de suite. Quand j'ai dit ça à mademoiselle Dambre, en classe, elle était super contente, elle aussi. Elle pensait que ça allait m'aider que la « situation se stabilise à la maison », c'est ce qu'elle m'a dit. Mohand s'est foutu de ma gueule, parce que lui, sa reum elle travaille pas. Chez les islams, c'est comme ça qu'on fait. Les meufs, elles restent à la maison. Y a que les pères qui travaillent, pour vous dire un exemple, celui de Farid il fait maçon. Sauf que nous, on a pas le choix, puisque le mien, de père, il s'est tiré, alors il faut bien que quelqu'un ramène de la thune à la maison. Faut pas déconner, quand même !

Mohand il était de plus en plus remonté avec son plan mosquée, c'est Mouloud qui lui bourrait la tête, je suis sûr. Comme des cons, Farid et Kaou, ils se marraient aussi en se foutant de moi.

— Nique ta sale race de céfran ! ils me disaient à la récré.

Heureusement que j'avais connu Djamel, qu'était pas comme eux, sinon j'aurais fini par croire que les reubeus c'est vraiment tous des bâtards, la vérité ! Parce que si on va par là, ils auraient dû traiter mademoiselle Dambre et toutes les profs du collège puisqu'elles travaillent ! Mais ils les traitaient pas, ils se tenaient peinards au fond de la classe, à glander. Sauf pendant l'atelier BD, là ils aimaient bien dessiner. En vrai, ils avaient la trouille de monsieur Belaiche et je leur ai dit que pour des reubeus, avoir la pétoche d'un feuj, à leur place j'aurais pas été fier !

Moi, mademoiselle Dambre elle voulait me mettre dans un nouveau groupe lecture, ceux qui se débrouillaient le mieux. Mais comme Mohand et Kaou se seraient encore plus foutus de ma gueule, j'ai pas voulu. Je suis resté dans le groupe des moyens, c'était déjà pas mal comme progrès par rapport à chez monsieur Bouvier au CM2…

Bref, ç'était cool que ma reum elle bosse à l'hôpital. Je me suis vite habitué à me débrouiller tout seul. Elle faisait les courses l'après-midi, je la voyais un peu en rentrant du collège et après elle partait à Besbar en métro, de chez nous c'est direct, fastoche. Quand je me levais le matin, elle, elle dormait encore, je faisais pas de bruit pour pas la réveiller.

Le soir, monsieur Hardouin il sonnait de temps en temps pour voir si j'étais bien là, mais petit à petit, il l'a plus fait. Il va souvent jouer au billard dans un bistrot pas loin de chez nous, avec des ieuvs comme lui. Il est cool, monsieur Hardouin, il passe tout son temps à jouer. Au Tac au Tac, au Millionnaire, au Loto, au billard l'hiver et aux boules l'été, dans les allées de la cité, finalement c'est lui le plus peinard.

Monsieur Hardouin, y a qu'un truc qui va pas chez lui, c'est sa politique, genre il sait comment il faudrait faire pour que ça soit plus la galère pour le malaise des jeunes ! À lui tout seul, il pourrait faire ministre, ou même maire du XIXe, pendant qu'il y est ! N'importe quoi ! Vas-y, faut pas déconner, même s'il est gentil, monsieur Hardouin !

Il en parle souvent de sa politique, mais je l'ai pas vu faire grand-chose, sauf vendre son journal au coin de la rue le dimanche matin. Mais faut pas confondre, le journal de monsieur Hardouin, c'est pas un journal de cistra, style la France aux Français, dehors les Arabes, comme monsieur Grenier, làçui qui fait la menuiserie à la SES !

Monsieur Hardouin, faut pas lui faire des embrouilles, il les connaît les reubeus, parce que lui aussi il a fait la guerre contre eux en Algérie, mais il a pas la haine comme monsieur Grenier. Un soir, avec lui, j'ai regardé une cassette de Rambo, comment il leur claquait la gueule, aux salauds, mais quand Rambo il a pris un fil électrique pour leur cramer les couilles, à ses ennemis, alors là monsieur Hardouin il a pas supporté, il s'est véner contre la télé et il est rentré chez lui en face chez nous sur le palier.

De toute façon Rambo il faisait ça juste pour leur foutre la trouille, c'était pour de la fausse. Mais en vrai quand même, ça doit faire mal de se faire cramer les couilles avec l'électricité. Je vais pas parler de tous les gens de la cité, parce que sinon on en finirait pas. Mais comme monsieur Hardouin il venait souvent à la maison, je suis obligé de raconter un peu.

Alors bon, je me suis habitué comme ça, avec ma reum qu'était plus jamais là, sauf le week-end, Mohand et Farid qui me faisaient la gueule à la SES et mademoiselle Dambre qu'était gentille avec moi, sauf que du coup elle me lâchait plus les baskets.

Des cinquante keusses que j'avais gagnés avec Djamel quand on avait dépouillé la meuf à Saint-Denis-Basilique, il me restait pas mal de thune, j'avais tout mis dans ma tirelire, un petit cochon en plastique que Nathalie elle m'avait offert pour mes onze ans.

*

Au collège, ils avaient fait une expo sur les dinosaures, avec des maquettes et tout, des bandes en plâtre collées sur des bouts de ferraille et de la peinture qui brille par-dessus, ça faisait vachement ressemblant, sauf la taille, évidemment. Clarisse, la meuf qui m'avait fait virer de la cantine, elle était dans l'atelier sixièmes B et C qu'avait organisé l'expo dans le hall. Ils s'étaient donné vachement de mal pour faire tout ça, forcément.

Je sais pas qui leur a niqué leurs maquettes, si c'est Mohand et Farid ou d'autres, mais un matin, ils les ont retrouvées par terre, piétinées, ça ressemblait plus à des dinosaures, ça ressemblait à rien, c'était plus que de la merde, les dames de service ont tout nettoyé.

Du coup, à la SES, ça a chié. Monsieur Belaiche a gueulé, il nous a traités, comme quoi on respectait rien, ça me rappelait l'aquarium de monsieur Bouvier au CM2, sauf que là c'était moins grave, puisque c'était même pas des poissons vivants qu'avaient dérouillé, juste du plâtre et de la ferraille, y avait pas de quoi nous prendre la tête.

Si on s'y mettait tous, à la SES, on pouvait leur en refaire, des dinosaures, avec des planches, des vieux cartons ou des pneus, ou ce qu'ils voulaient, on avait plein de matos ! Monsieur Belaiche, il sait se démerder pour taxer des trucs dans les décharges, faut dire que c'est son boulot de récupérer du matos sans allonger la thune, sinon, on l'aurait pas mis à la SES, à ce compte-là, il serait principal au collège, à commander les microscopes et les ordinateurs, peinard, sans se prendre la tête !

C'est peut-être parce qu'il est feuj ? Les feujs, il paraît qu'ils connaissent des tas de combines pour pas se faire baiser. À la SES, dans le hangar à côté de l'atelier menuiserie, on manque de rien avec ce qu'on récupère dans les poubelles. Monsieur Belaiche, il est super pour ça, il dit toujours que puisqu'on a pas de pognon, on doit faire sans. Il faut se débrouiller avec ce qu'on a et pas pleurnicher pour avoir plus, c'est toujours ce qu'il nous répète. Je l'aime bien monsieur Belaiche, parce que même si on est pas des caïds, finalement, il s'occupe bien de nous, les échecs scolaires.

Clarisse, elle a pas supporté que Farid, Mohand ou d'autres, je sais pas qui mais je vous jure que j'y étais pas, ils aient niqué l'expo des sixièmes normales. Je la voyais dans la cour, à la récré, à nous mater, style la haine dans ses yeux, super sérieux, c'était pas un plan frime, la vie de ma mère !

Alors comme il me restait de la thune que j'avais taxée à la meuf Kookaï à Saint-Denis-Basilique, j'ai acheté un super album de dinosaures à la librairie de la rue de Belleville. C'était un bouquin vachement beau, avec des trucs à découper, des silhouettes de diplodocus pour de vrai, tout en couleurs, et même une paire de lunettes spéciales rouge et vert pour voir les dinosaures en relief.

Je savais où elle habitait, Clarisse, puisque je l'avais déjà suivie jusque chez elle, rue Remy-de-Gourmont, si vous vous rappelez. J'ai attendu qu'elle soit pas avec sa reum, qu'elle sorte sur le trottoir, pour lui montrer mon livre. Elle allait à son cours de violon, avec sa boîte sous le bras, toute seule dans la rue, et c'est à ce moment-là que je lui ai fait salut, regarde un peu, j'ai un cadeau pour toi.

Elle a été vachement surprise quand je lui ai dit que c'était pour elle, que je faisais pas juste que lui prêter. Là, elle m'a regardé super étonnée et elle a dit bon, merci, je m'attendais pas à ça. Elle est rentrée chez elle avec le bouquin sous le bras et moi, j'ai descendu les escaliers de la rue Manin pour rentrer à la cité.

Du coup je sais pas si ce jour-là elle est pas arrivée en retard à son cours de violon mais j'en avais rien à secouer, ce qui comptait pour moi, c'était qu'elle me prenne pas pour un bouffon, comme ceux qui avaient niqué l'expo dinosaure. C'était une preuve, si je lui offrais le livre ! Elle avait bien compris, faut pas déconner, quand même.

Le lendemain c'était mercredi, alors je l'ai pas vue Clarisse, puisqu'il y avait pas classe. J'ai regardé mes cassettes à la maison, surtout *Terminator* qui venait juste de sortir, je me l'étais payé avec la thune qui me restait. Le soir, j'ai été voir ma reum à son travail.

On pouvait, c'était pas interdit. Elle m'a montré son standard, sa chaise, la machine à café qu'elle avait, avec les autres gens qui travaillaient là. Je suis resté un moment et j'ai trouvé ça un peu relou comme boulot, toujours répondre au téléphone, mais enfin elle avait pas le choix.

Après je suis parti et pour rentrer chez nous, il fallait prendre le tromé à Barbès. Alors je me suis demandé si j'allais pas tomber sur Djamel, des fois. J'ai poireauté un peu devant le Hammam comme il m'avait dit, mais il était pas là. En face, sous le métro aérien, y avait tout un tas de reubeus et de blacks qui faisaient leur bizness. C'est vachement connu, Barbès, comme endroit de bizness.

Ils vendaient des tas de trucs qu'ils avaient tirés je sais même pas où, genre des montres ou des autoradios, ou alors ceux qui vendaient rien ils restaient là sur le trottoir à taper la discuss', peinards. J'ai regardé un peu les magasins, mais tous les trucs c'était vraiment reubeu, y avait des cassettes mais même les titres étaient écrits en arabe. Je connaissais déjà, Besbar, parce que ma reum elle se sape chez Tati, alors elle m'avait déjà emmené avec elle une ou deux fois.

C'est au moment où je me suis dit que j'avais rien à foutre là, que c'était relou d'attendre, que je l'ai vu, Djamel. Il était sous le métro et il m'a appelé. On s'est dit salut comme dans *Warriors* : on tape une fois dans la main et après on cogne poing contre poing, mais pas fort, juste un peu, c'est vachement stylé. Djamel il avait un Perfecto en cuir, et une casquette avec la visière en arrière, un jean 501 et des pompes à coques Doc Martens, ça c'est vachement efficace dans la baston !

Il a vu que je le matais genre j'aurais bien voulu en avoir des pareilles parce que j'avais l'air un peu zone, avec mon survêt', c'est même pas une marque comme Nike, c'est un que ma reum elle a acheté à Auchan. Même mes pompes c'est pas des vraies. Y a rien d'écrit dessus.

— T'es sapé comme un sonac[1] ! il m'a fait, Djamel, mais il était pas méchant, il disait ça plutôt style il me plaignait.

On a été boire un Coca dans un bistrot, et comme il y avait un keum qui se faisait un plan délire sur son flipper juste à côté de nous on a pu parler tranquillement. Parce que Djamel il m'a expliqué que Besbar, ça a l'air cool comme coin mais il faut faire gaffe, c'est plein de keufs qui matent partout.

1. Sonac : de Sonacotra, les foyers pour travailleurs immigrés...

Djamel il m'a expliqué que si je voulais faire reurti[1], comme lui, je pouvais.

— T'es pas grand, tu peux faire le chouf[2], vas-y, personne se méfiera de toi !

J'avais un peu la trouille, parce que reurti, ça finit mal, des fois ; dans la cité, y a un copain du grand frère à Farid qu'a pécho six mois ferme, j'ai déjà dit. Mais d'un autre côté, j'allais pas rester sapé comme ça, c'était nul, je voyais bien comment elle me regardait, Clarisse.

Avant je m'en foutais de la sape, mais maintenant j'ai pigé que c'était pas que pour la frime. Un keum on va le respecter ou pas, d'un coup d'œil, si c'est un bouffon, ça se voit tout de suite.

Pour les meufs, c'est pareil. Ma sœur Nathalie elle voudrait bien ressembler à Cindy Crawford mais elle peut pas, elle gagne pas assez. Et même si un jour elle a un salon à elle, comme elle espère, à ce moment-là elle sera trop vieille. C'est tout de suite qu'on a le respect, ou rien, la vérité !

Alors j'ai dit bon, je veux bien faire reurti. Djamel il m'a demandé de revenir le lendemain soir, parce qu'il avait repéré un parking de richards avec des super bagnoles, des BM, des Mercedes, avec chacune un auto-radio géant, et justement lui et ses

1. Cf. p. 43.
2. Chouf : guetteur.

copains ils avaient besoin d'un petit comme moi pour pouvoir entrer dans le parking sans se faire pécho par le gardien.

Style j'allais envoyer un ballon au moment où une bagnole entrait, et appeler le gardien pour le récupérer. Pendant ce temps-là, il pourrait pas surveiller à l'entrée ! Djamel et ses copains, ils descendraient peinards au quatrième sous-sol niquer les caisses comme il faut ! Pour sortir, ils monteraient les escaliers qui vont dans les immeubles, pas besoin de repasser devant la guérite du garde. C'était pas possible de descendre dans le parking direct par les escaliers, à cause des digicodes. Mais une fois qu'on était dedans, y avait plus de problèmes.

— Tu verras, c'est cool comme plan, reviens demain avec un ballon, on ira là-bas ensemble, c'est du côté de la rue de Flandre... il a dit, Djamel. Quand on aura revendu les auto-radios, je te filerai de la thune.

J'étais super content. Du fric, j'en ai jamais ou pas assez. Cédric ou Nathalie ils me donnent, ou monsieur Hardouin quand il a gagné au Tac au Tac, mais c'est relou de dépendre des autres. La thune, ça se gagne.

*

Le jeudi, au collège, je pensais sans arrêt à ça, j'ai rien foutu en classe, même pas le groupe lecture. Mademoiselle Dambre elle a pas insisté. Ce jour-là c'était le boxon, Romain il s'est cogné avec Jérôme, c'était encore une embrouille après le coup de l'expo-dinosaures, zarma[1] Jérôme il avait dit que Romain il était dans la bande de ceux qu'avaient niqué les sculptures. Du coup mademoiselle Dambre elle a encore craqué, elle a chialé et monsieur Belaiche est venu nous garder.

À la récré, j'ai regardé si Clarisse elle était là. Elle était avec ses copines à l'autre bout de la cour et elle m'a fait un petit signe de la main. Elle pouvait pas faire plus, genre ses copines elles allaient se foutre d'elle si jamais elle discutait avec un keum de la SES, surtout après l'histoire des dinosaures, c'était pas le moment.

Le soir, en sortant du collège, j'avais pas mal de temps avant le rencart avec Djamel. Le parking, ils allaient le faire vers huit heures, une fois que tous les richards ils seraient rentrés chez eux avec leur caisse, avant ç'était pas la peine. J'ai été rue Remy-de-Gourmont, devant chez Clarisse, et au bout d'un moment elle est sortie de chez elle.

1. Zarma : soi-disant.

Je savais pas trop quoi lui dire mais elle était sympa, elle m'a expliqué qu'elle faisait son violon. Après elle m'a dit qu'elle regrettait de m'avoir traité de gogol et qu'elle me pardonnait de lui avoir balancé l'assiette avec la purée sur la tête. Le bouquin des dinosaures elle l'avait lu, et elle avait trouvé ça géant.

Elle était gentille, cette meuf, j'avais eu tort d'avoir les boules tout de suite, style j'allais y faire la peau et tout, alors qu'en réflechissant un peu, c'était pas grave. Des fois on traite comme les reubeus, super vite, et après on regrette. Au bout d'un moment, y a sa reum qui est sortie aussi. Elle nous avait matés derrière sa fenêtre.

— C'est très gentil ce cadeau que tu as fait à Clarisse, elle m'a dit. Si tu venais goûter à la maison samedi ? Clarisse a invité quelques camarades.

J'étais content mais en même temps j'avais les boules parce que Clarisse, j'avais envie de la voir toute seule. J'ai dit oui quand même.

— Ta maman va t'autoriser, n'est-ce pas ? elle a encore fait, la reum à Clarisse.

J'ai dit oui, évidemment, ça c'était la meilleure, ma reum ça la regardait pas, quand même ! Vas-y c'est n'importe quoi ! Elles sont rentrées chez elles, et je me suis tiré. Je le sentais pas bien, le goûter, style on allait être tous là avec des gâteaux et tout. Moi j'allais être mal sapé comme d'habitude.

Ce qui me gênait le plus, c'est que les copains à Clarisse ils parlent pas comme moi, ils ont pas des mots genre zone, ça fait la même chose avec mademoiselle Dambre, des fois on comprend pas bien ce qu'elle dit, c'est pas de sa faute, on a pas appris pareil, c'est pas une spécialiste pour section, mais elle fait plein d'efforts pour nous expliquer.

En même temps j'allais pas refuser, j'étais trop content. J'ai pensé qu'avec la thune que Djamel allait me donner, je pourrais faire un nouveau cadeau à Clarisse et que ça emmerderait bien ses copains. Ils seraient bien obligés de voir que je suis pas comme les autres gogols de la SES, que je sais me défendre.

Ce soir-là, j'ai retrouvé Djamel à Barbès. Il était avec Aziz et Saïd, et en plus avec eux y avait deux céfrans, Marc et Laurent, ils s'appelaient. Ils avaient des sacs poubelles dans leurs zonblous, pour planquer les auto-radios. On a pris le tromé jusqu'à Jaurès et là on a remonté à pied par la rue de Flandre. Djamel m'a montré l'entrée du parking.

J'ai fait comme il avait dit, quand une caisse est passée sous la porte automatique, j'ai shooté dans mon ballon. La porte, elle s'ouvrait avec une carte magnétique, c'était relou, Djamel avait raison, pour entrer là-dedans, fallait un coup de vice.

Quand la porte s'est refermée, j'ai gueulé comme un dingue, et le gardien est venu. J'y ai expliqué que mon ballon était dans le parking, alors il a ouvert la porte avec une télécommande. J'avais shooté fort, je le voyais pas, mon ballon. Le gardien matait comme moi, sous les caisses qu'étaient garées là. Au bout d'un moment, je l'ai trouvé, j'ai fait merci m'sieu au gardien, style j'étais poli, il m'a dit que ça lui faisait plaisir de voir que j'étais pas un voyou. Ce gros nul, il a rien pigé.

J'ai attendu Djamel et les autres à Jaurès, devant le Mac Do comme on s'était dit. Ils sont revenus pliés en quatre tellement ils se marraient, une heure plus tard. Des auto-radios, ils en avaient tapé une quinzaine ! Djamel il a été royal, il m'a filé dix keusses, comme ça, juste parce que j'avais envoyé mon ballon. On était tous morts de rire pliés en quatre, la vérité, quand je leur ai dit, pour le gardien. On avait rencart le lendemain soir, toujours à Besbar, parce que Laurent il connaissait un magasin de sport qu'on pouvait casser fastoche, près de la porte de la Chapelle.

Il était pas dingue, il voulait pas braquer vraiment le magasin, juste une pièce, derrière, où les gens mettaient les cartons avant de les déballer. Il le savait parce qu'il connaissait une meuf qu'avait fait vendeuse dans la boutique. Les patrons l'avaient virée genre une combine durée déterminée pour le boulot, alors elle voulait se venger d'eux. Elle avait raison la meuf, faut pas déconner avec ces histoires-là. Rentrer direct dans la boutique, on pouvait pas. Y avait une fenêtre dans le couloir de l'immeuble, mais elle était toute petite. Alors forcément il fallait quelqu'un de pas gros comme moi pour passer dedans une fois qu'on aurait pété les vitres. Après j'avais plus qu'à ouvrir le verrou et les autres pourraient entrer aussi. Là, c'était un peu plus chaud que le coup du ballon mais j'allais pas me dégonfler, quand même. Djamel et ses copains ils étaient super cools avec moi, je pouvais pas refuser. La thune, ça se gagne.

La boutique, on l'a faite le vendredi soir. J'avais la trouille de me faire mal avec les bouts de verre quand on a pété les vitres, mais Djamel il avait apporté des chiffons et des gants, alors ça a été cool. J'ai sauté sans rien voir, sauf que Laurent il a pas tardé à me filer une lampe à piles.

J'ai vite repéré le verrou, et je leur ai ouvert la porte. Djamel et les autres, ils ont pas traîné. Super rapides, ils ont niqué les cartons à coups de cutter et emballé le matos dans leurs sacs : des survêts, des pompes, des tee-shirts avec une marque, tout

Jordan, Reebock ou Nike, c'était pas de la merde ! En moins de deux, ils avaient tout tiré, enfin presque tout parce que pour bien faire il aurait fallu une caisse avec un coffre, mais on en avait pas.

On s'est arrachés en trimballant le matos dans des sacs poubelles, c'était pas vraiment discret, mais bon, y avait pas un keuf dans le coin, heureusement. Là, Djamel il m'a fait super confiance, il m'a dit que lui et ses potes, ils allaient dans leur local, une cave de la rue Piat, à Belleville, pas loin de chez moi. J'étais content, parce que le local, c'était un truc secret, fallait le dire à personne.

C'était cool leur local. Il paraît qu'il y en a plein des locals, comme ça, dans les caves HLM, rue Piat. Ils avaient mis des matelas par terre, avec des couvertures et une grosse lampe de camping qui marche avec des batteries. En plus, sur les murs, pour cacher les parpaings, ils avaient collé des tas de photos de meufs à poil, genre X-hard, qui montraient leur teuche en écartant les fesses, qui se faisaient mettre ou qui suçaient. Y avait aussi un grand poster de la Palestine contre les feujs, un keum qui lançait un pavé sur les soldats. C'était Djamel qu'avait mis ça, les autres ils étaient pas d'accord, ils préféraient mater les meufs, mais tant pis, c'était Djamel qui commandait. Pourtant j'aurais pas cru que Djamel, il se prenait la tête avec des trucs chelou genre la Palestine. Finalement, la preuve, avec les reubeus, on sait jamais !

Dans le local, j'ai vu tout le matos qu'ils avaient déjà tiré et qu'ils avaient pas encore vendu. Des auto-radios, des téloches portables, des appareils photos, des sapes, genre zonblous Chevignon et pompes Weston, des montres Swatch, rien que des trucs de luxe !

Super balèzses, ils étaient ! Ils ont déballé tout ce qu'on avait chourré ce soir-là à La Chapelle, et en fouillant dans le tas, j'ai trouvé un survêt' à ma taille. Un vrai Nike avec la marque écrite dessus, plus des sketbas avec système à air, quand on marche avec ça on a l'impression de planer. Personne en avait des comme ça, à la SES.

En plus, Djamel il m'a filé vingt keusses pour me remercier de les avoir aidés. Et là, ils se sont mis à sortir une bouteille de rhum, comme les Antillais de la poste ou des hôpitals, et ils ont picolé en se marrant, même les reubeus, pourtant ils ont un truc du Coran comme quoi ils peuvent pas boire d'alcool. Mais Djamel, Aziz et Saïd, c'étaient pas des islams branchés mosquée, comme Mouloud, le grand frère à Mohand. C'était des reubeus normaux. Alors ils picolaient du rhum.

Je me suis un peu fait chier parce qu'ils étaient repartis dans leur plan meuf, comme quoi pour se faire sucer, y avait que les tepus, y avait qu'elles qui savaient faire. Pour pas avoir l'air trop con, je leur ai parlé de Zora, la sœur à Borovic, dans ma cité.

— Vous avez qu'à lui téléphoner, je leur ai dit. Elle doit bien sucer, même si dans son annonce à *Paris Boum Boum,* elle dit qu'elle fait que massage !

Djamel, il avait pas oublié les salopes de la rue Saint-Denis qui veulent pas sucer les Arabes, il se faisait un plan-haine contre ces meufs-là, alors ils se sont tous mis à taper la discuss' là-dessus.

Laurent c'était pas un con, il écoutait les infos à la télé, Poivre d'Arvor mais alors tout, hein, jusqu'à la pub avant la météo, pas comme Djamel juste quand ça parlait de la Palestine ! Du coup, il savait vachement de trucs, alors il a dit que Zora la yougo elle était sûrement musulmane et que donc, il voyait pas pourquoi elle sucerait pas les reubeus comme Djamel ou Aziz. J'ai rien compris parce que Zora elle est blanche, comme les céfrans, comme oim, du coup je pigeais pas ce qu'elle avait à foutre avec les reubeus, forcément !

J'ai demandé ce que ça voulait dire musulmane, et Laurent il m'a expliqué que c'était comme islamique, sauf que ça avait rien à voir avec si on était vraiment reubeu ou pas, qu'on pouvait choisir, même que moi, céfran, je pouvais me faire un trip islam, et là, j'ai été largué.

Ce que je comprenais pas, c'est que les reubeus ils doivent se faire couper un bout du zob comme les feujs circoncis pour pouvoir vraiment être islamiques, alors un céfran comme moi, il allait pas faire ça, juste pour pouvoir enlever ses Nike à la mosquée, c'était un peu relou, enfin, à mon avis.

Bref, Djamel et ses copains, ils étaient branchés tepu, ils ont tous dit qu'ils allaient venir chez Zora pour se faire sucer, mais je leur ai fait promettre de pas parler de moi, parce que monsieur Hardouin, notre voisin du palier, il la tient à l'œil, la Zora, et des fois on sait jamais, je tenais pas à attirer l'embrouille, surtout que ma reum elle était sortie de la galère avec son boulot à Lariboisière.

*

Le goûter chez Clarisse, j'y ai été sapé classe, avec mon survêt' Nike et les sketbas qu'allaient avec, du coup plus personne pouvait me prendre pour un sonac, c'était bien grâce à Djamel, tout ça, je reconnais.

En y allant, j'ai rencontré Mohand et Farid qu'étaient avec Mouloud en bas de l'escalier de mon immeuble. Ils m'ont maté, vachement surpris, je voyais bien qu'ils en avaient envie, d'un survêt' ça comme. Sauf que eux ils glandaient en sortant de la SES, ou bien ils allaient faire leurs prières à la mosquée, alors ils avaient qu'à pas être jaloux : la thune, ça se gagne.

Le goûter chez Clarisse, ça a pas été vraiment une réussite. J'avais amené un cadeau, une cassette de *Terminator,* une que j'avais achetée en plus de la mienne, avec la thune à Djamel. C'est le film que je préfère avec *Cannibal Holocaust,* alors je voulais que Clarisse elle le voie, comme ça après on pourrait en parler. J'avais demandé qu'on l'enveloppe dans un papier spécial, et un morceau de ruban tout entortillé par-dessus pour faire joli.

La reum à Clarisse, elle a défait le papier et regardé le boîtier, style elle était contente, mais j'ai bien vu qu'elle faisait semblant. Là j'ai pigé que j'aurais dû choisir autre chose, des fleurs ou alors bon, peut-être une cassette, oui, mais pas *Terminator* ! Plutôt un film pas en couleurs, avec les paroles écrites en dessous comme ils font sur la 3 à minuit, quand ils parlent américain dans les films. C'est ça qui lui aurait fait plaisir, sauf que des cassettes ça comme, y en a pas à Auchan.

Quand même, elle a pas osé me dire que je m'étais planté. Clarisse elle m'a fait une bise, vachement gentille. Je l'aimais de plus en plus, cette meuf. Elle avait mis une petite jupe en jean, super mignonne, et un pull-over qui fait des poils partout, angora, ça s'appelle, elle me l'a dit.

Chez elle, c'était vachement stylé, j'avais jamais vu ça. Y avait un piano, des peintures sur les murs, et des meubles classe, genre Conforama mais en beaucoup mieux, on voyait bien que c'était pas de la merde.

Les copains à Clarisse, y en avait pas beaucoup, juste trois, et ils ont fait de la zicmu avec elle. Fabien au piano, Alexandre qu'avait une flûte, et Arthur un violon aussi. Tous les quatre, ils ont joué un truc que j'ai trouvé chiant, comme des fois sur la 2 le samedi soir, mais j'ai écouté sans rien dire. Après on a mangé des gâteaux, mais alors des gâteaux tout petits, des religieuses et des tartelettes, des éclairs et des mille-feuilles, mais vu qu'y en avait beaucoup, c'était comme si on en avait eu au moins chacun un gros. Même plus, je crois bien.

Les copains à Clarisse, ils me mataient style bizarre, genre ils avaient bien vu que j'étais un gogol de la SES mais ils faisaient semblant de rien. Ils étaient éduqués. Clarisse elle m'a montré son violon, même qu'elle me l'a fait essayer. J'avais la trouille de le faire tomber, alors je le tenais vachement fort et je suis pas arrivé à bien faire glisser le manche sur les cordes pour faire des notes.

Après le goûter, la reum à Clarisse, elle a dit qu'elle allait me raccompagner chez oim. Je voulais pas, mais elle avait l'air de pas vouloir discuter. J'étais piégé. Clarisse m'a fait encore une bise, avec un sourire qui m'a fait tout drôle. De la rue Remy-de-Gourmont jusqu'à la maison, sa reum elle a essayé de me parler, style elle voulait savoir comment ça se passait chez moi, mais j'ai presque rien dit.

Je pensais tout le temps à Clarisse, cette meuf-là, c'était pas pareil que ma sœur Nathalie, je le voyais bien, elle allait pas me demander de lui lécher la teuche comme Steve, et moi je voulais pas qu'elle me suce, simplement qu'on aille zoner tous les deux le soir en sortant du collège, dans la cité, juste je voulais lui prendre la main, peut-être lui rouler une pelle, mais c'était pas pressé, je pouvais attendre.

Je me faisais déjà un plan délire dans ma tête, avec Mohand et Farid qui passaient devant nous : Clarisse et moi on était assis sur un banc à taper la discuss' peinards, elle me parlait de son violon, comment elle allait niquer les autres au concours du Conservatoire, une école de zicmu spéciale, où elle devait faire première, et moi en échange, je lui montrerais toutes mes vidéos dans ma chambre... Ou alors je me voyais dans la cour du collège, le premier qui emmerdait Clarisse, qui la traitait, je lui éclatais la gueule direct, du coup elle me respectait. Dans la cour, tout le monde dégageait vite fait quand je lui prenais la main. C'était géant.

À peine je m'étais fait tout mon cinoche dans la tête, qu'on était déjà arrivés chez moi, avec la reum à Clarisse. La mienne, elle bossait pas le samedi alors elle a ouvert quand on a sonné. La reum à Clarisse elle a bien vu comment c'était chez nous.

J'avais la honte. Ma reum elle était en robe de chambre, comme d'habitude. Elle était crevée avec son boulot de nuit à Lariboisière parce qu'elle arrivait pas bien à dormir pendant la journée pour récupérer. Surtout que depuis une semaine, y avait les Sénégalais du troisième qu'arrêtaient pas de faire des trous dans les murs avec leur perceuse du matin au soir.

La reum à Clarisse elle s'est assise sur notre canapé, elle a regardé le linge qui séchait au fond du living, tout ça avec le même sourire, style cool pour de la fausse, et ça m'a foutu les boules. Je suis parti dans ma piaule pour les laisser causer, mais j'ai écouté tout ce qu'elles disaient derrière la porte. Je me suis changé vite fait pour remettre mon survêt' de chez Auchan et mes vieilles baskets sans marque, des fois que ma reum elle me demande où j'avais eu le survêt' Nike, mais elle était tellement crevée qu'elle a même pas fait gaffe.

La reum à Clarisse, elle était inquiète pour les cadeaux, le livre sur les dinosaures plus la cassette de *Terminator*. Elle se demandait si c'était pas un « sacrifice trop lourd pour nous ». C'est ça comme, elle a dit, je me souviens bien. Ma reum elle s'est pas pris la tête, elle a répondu que si je faisais des cadeaux c'est que je voulais bien, qu'il fallait pas « chercher de midi à quatorze heures », c'est un truc qu'elle dit souvent. La reum à Clarisse, elle s'est pas véner comme j'avais pensé.

— Votre fils peut continuer à venir voir Clarisse, mais je ne veux plus de cadeaux ! elle a dit. Vous comprenez, on peut imaginer des choses… mon époux et moi, nous sommes des gens très ouverts et nous comprenons la situation mais je suis au regret d'attirer votre attention sur les agissements de votre fils. C'est un conseil de mère…

Après elles ont continué leur tchatche, toutes les deux. J'ai pas tout compris, sauf que les parents de Clarisse, ils étaient un peu comme monsieur Hardouin il m'a expliqué, ses trucs de politique contre ceux qui gueulent la France aux Français. Je voyais même pas le rapport puisque Clarisse et moi on était céfrans tous les deux.

La reum à Clarisse, elle a pris la tête à la mienne,

style ça me ferait beaucoup de bien si je voyais Clarisse, mais juste un peu, entre Clarisse et moi, c'était pas clair, mais elle était prête à aider. Un mercredi de temps en temps, et même m'emmener au cinéma avec elles pour voir des films intéressants. Et même si j'étais d'accord, un coup de main pour mes devoirs que je viendrais faire chez Clarisse le soir, puisque sa reum elle était prof comme mademoiselle Dambre, mais dans un lycée.

Tout ça, ça a duré un bon moment, j'en avais ras le bol de rester dans ma piaule, accroupi contre la porte à écouter. La reum à Clarisse, elle a fini par s'arracher, c'était pas trop tôt. Elle m'a passé la main dans les cheveux comme mademoiselle Dambre elle avait fait le jour où je l'avais rencontrée au parc, même qu'elle s'est penchée pour m'embrasser. J'ai senti son parfum, c'était une odeur qui fait planer, vachement plus stylé que les trucs que Nathalie elle mettait dans la baignoire et qui faisaient plein de mousse bleue, de l'Obao fraicheur des îles, je me rappelle. Après qu'elle soit partie, ma reum elle m'a pris la tête avec le livre sur les dinosaures et la vidéo de *Terminator,* mais j'y ai expliqué que c'était avec le fric que monsieur Hardouin il m'avait donné que j'avais pu raquer.

Ma reum, finalement, ça l'a fait marrer, tout ça. Elle m'a dit que j'étais amoureux de Clarisse, que j'étais un peu jeune mais que bon, après tout, c'était de mon age, même si aujourd'hui tout va tellement plus vite que de son temps à elle. Elle est partie dans la cuisine faire la vaisselle. Elle était pas méchante, ni rien. En plus, elle était contente parce que Cédric il avait envoyé un mandat de Roanne, une prime qu'il avait eue au garage en bossant comme un dingue. Du coup, ce mois-ci, ça allait nous permettre de payer les HLM tranquille.

Le soir, monsieur Hardouin il est passé chez nous pour apporter du clafoutis, une espèce de gâteau avec des cerises qu'il fait lui-même, mais comme il y en a toujours trop, il nous en donne, ça fait six ans que ça dure, depuis qu'on habite dans la cité. On veut pas lui faire de la peine à monsieur Hardouin, même si la plupart du temps, son clafoutis, on le met au vide-ordures.

Ma reum elle lui a expliqué le coup avec Clarisse comme quoi j'étais amoureux, et ils se sont bien marrés tous les deux en se foutant de ma gueule. Mais après, monsieur Hardouin il m'a dit de venir chez lui pour me montrer des bouquins.

Il est marrant, monsieur Hardouin, on dirait pas comme ça à le voir avec sa casquette et son vieux costard, mais il connaît vachement de trucs. C'est rapport à ses salades de la politique, qu'il a fait quand il était jeune mais maintenant c'est fini, c'est une autre époque, faut s'adapter, comme il dit.

Bref, chez lui, il a des collections de vieux journaux et des livres de pendant la guerre, mais la vraie, pas celle du Golfe avec les reubeus, celle contre les boches, 39/45, y a longtemps, ma reum elle était pas encore née, mais monsieur Hardouin, si.

Les boches, c'est les Allemands de l'Europe, je me souviens encore comment monsieur Bouvier il essayait de nous apprendre ça au CM2 pendant la géo. Je les avais déjà vus plein de fois, les bouquins de monsieur Hardouin. Les boches, c'était vraiment des pourris. Ils mettaient les feujs dans des barbelés et ils les faisaient crever en les cramant dans des fours. Il m'a montré des photos des feujs de 39/45.

Ils ressemblaient pas à ceux qu'on voit dans la cité avec leurs manteaux noirs et leurs chapeaux style gangsters Chicago, les feujs de monsieur Hardouin ! Ah non, ils étaient tout maigres, ceux-là, sapés pire que des sonacs, avec des pyjamas même pas en couleurs, tout gris, la vérité, je mens pas !

C'étaient des drôles de feujs, dans le temps, quand même, parce que je suis sûr que monsieur Belaiche, pour prendre un exemple de feuj de maintenant, si on avait essayé de le mettre dans un four, il aurait vachement gueulé et ça aurait été la baston avec les boches ! Il se serait pas laissé faire, la prise de tête qu'il leur aurait mis, à ces pourris d'Allemands de l'Europe ! Faut pas déconner, quand même !

Surtout qu'on voit pas pourquoi les boches ils en voulaient juste aux feujs et pas aux reubeus, ni aux blacks, c'était pas logique, leur plan ! Les Chinois je dis pas, avec eux, il faut faire gaffe, ils sont vachement malins, la preuve, c'est que les boches, ils étaient copains avec les Japonais, pendant 39/45, alors ça prouve bien, puisque les Japonais et les Chinois, c'est presque pareil.

Les yougos comme la Zora de chez les Borovic, c'était plus compliqué, ils étaient moitié moitié, copains avec les boches ou ennemis à mort. Monsieur Hardouin, il pense que c'est à cause de ça qu'aujourd'hui c'est le bordel en Bosnie, où mon frère Cédric il veut aller faire casque bleu dans les commandos.

Ce soir-là, monsieur Hardouin il m'a causé de l'amour, des meufs avec les keums, comme moi avec Clarisse. Mais pas style lécher la teuche ou sucer le zob, l'amour en vrai, attention, avec des sentiments et tout ! Des mots spécials pour expliquer à la meuf comment on a envie d'être avec elle, comment qu'elle sent bon, tout, quoi.

Monsieur Hardouin, sur son buffet, il a la photo

de sa meuf à lui, Louise, elle s'appelait, mais elle est morte y a longtemps. Il essuie le cadre avec du Fée du Logis tous les matins pour que la glace elle brille bien.

Bref, monsieur Hardouin, il m'a donné un livre, super vieux, il se barrait en couille de tous les côtés, avec des pages toutes jaunes, plein de scotch partout. Les yeux d'Elsa, c'était, comme titre. Genre ça en jette pas au début, mais après, quand on lit bien, on comprend tout. C'était un keum de la politique de monsieur Hardouin qu'avait écrit ça pour sa meuf, style il était poète, alors il voulait taper la frime à sa gonzesse.

C'était vachement classe, ce qu'il lui écrivait. Je me souviens juste du début par cœur, parce que les keufs m'ont confisqué le bouquin.

Tes yeux sont si profonds qu'en me penchant pour boire
J'ai vu tous les soleils y venir se mirer,
S'y jeter à mourir tous les désespérés,
Tes yeux sont si profonds que j'y perds la mémoire

Et rien que des trucs ça comme, genre le keum il était devant un lac et il avait soif, comme il m'a dit monsieur Hardouin, et il regardait sa meuf. Seulement voilà, les yeux de la meuf, ils brillaient un max, alors le poète il pouvait même plus mater tellement c'était beau.

Un vrai plan délire, il l'aimait tellement, la gonzesse, qu'il savait plus où il en était, il devenait complètement barjot, c'est pour ça qu'il pouvait plus se rappeler de rien ! Il avait presque envie de crever tout de suite parce qu'après il pourrait plus jamais prendre son pied rien qu'à être avec sa meuf, simplement assis sur un banc, comme moi je voulais faire avec Clarisse, en bas de la cité, la vérité.

Il expliquait vachement bien, monsieur Hardouin, faut pas croire, c'est pas parce que c'est un ieuv'. Il m'a serré la main en me mettant le bouquin sous le bras et je voyais bien qu'il était prêt à chialer, alors j'ai pas insisté, je suis rentré chez moi.

Ma reum, elle était déjà couchée. J'ai été direct dans ma piaule et j'ai arraché une page de mon cahier de classe. Avec mon stylo plume Stypen, je l'ai recopié, le poème des Yeux. Je pensais à Clarisse. À la fin, j'avais envie de chialer, comme monsieur Hardouin.

FACE B

J'y ai été plein de fois, faire mes devoirs chez Clarisse, rue Remy-de-Gourmont. Mademoiselle Dambre, normalement, elle nous en donnait pas, de devoirs. Avec ce qu'on faisait en classe à la SES, ça suffisait, mais quand je lui ai dit ça, elle a été super contente, et elle m'a préparé des fiches spéciales exprès pour moi.

Clarisse, ses devoirs, elle les faisait sur un ordinateur, mais pas un Nintendo avec des jeux de baston où il faut entrer dans des univers de vice et baiser des ninjas au karaté, pour vous dire un exemple, ah non ! Un spécial pour les études, vachement stylé, avec un grand écran, un Amstrad, ça s'appelle. Elle tapait son anglais là-dessus, et l'ordinateur lui disait tout de suite si elle avait bon ou pas. Elle faisait des tas de progrès, Clarisse, forcément.

Pendant ce temps-là, sa reum elle me faisait réciter mes fiches de lecture rien que pour moi, du coup c'était super efficace, mes textes, je les savais par cœur. Je savais même souligner les verbes sans me planter, et aussi les sujets.

Mademoiselle Dambre, elle en revenait pas. Elle le voyait bien, que j'étais pas un gogol comme les reubeus de la classe, ou même comme Romain ou Pascal, des céfrans comme oim. Pascal, il paraît que c'est une erreur qu'il est à la SES avec nous. Un truc d'orientation qu'aurait merdé au niveau de la commission, je sais pas bien, c'est ce que j'ai entendu dire. Monsieur Belaiche et mademoiselle Dambre, ils ont rempli un dossier exprès pour lui, pour qu'il aille en LEP, comme ça il pourra faire CAP chaudronnerie pour se rattraper.

Ils sont bien, mademoiselle Dambre et monsieur Belaiche, ils s'occupent des échecs scolaires, la vie de ma mère ! Je dis pas ça genre lèche-cul, même si monsieur Belaiche c'est un feuj, style je ferais un plan pour me mettre bien avec lui, parce que les feujs, y a toujours quelque chose à gratter avec eux, comme il raconte, Mouloud ! La preuve, c'est que mademoiselle Dambre c'en est pas une, de feuj, alors hein… Elle est gentille. Faut être con comme Mohand pour la mettre en colère, zarma on lui mate la teuche en douce ! Vas-y, c'est n'importe quoi.

À la SES, je me mêlais plus des bastons dans la cour de récré ni des parties de foot. Je regardais Clarisse discuter avec ses copines. Je pouvais pas m'approcher, ça aurait été chelou. Quand même, je lui ai donné le poème des Yeux que j'avais recopié dans le bouquin de monsieur Hardouin. J'avais repassé les bords de la feuille avec le fer de ma reum, style ça faisait parchemin, tout cramé sur les côtés, et enroulé avec un ruban rose, un que Nathalie avait laissé dans sa piaule. Classe.

« Parchemin », c'est un truc que je connaissais de chez monsieur Bouvier, notre maître du CM2, une fois qu'on avait visité une expo Moyen Âge dans un musée assez loin, avec le métro et deux changements. En plus, j'avais mis une goutte de sang à la fin de la page, une belle tache rouge qui faisait comme un cœur. Je l'avais étalée exprès en me piquant le doigt avec le bout de mon cutter.

J'avais bien pigé qu'une meuf comme Clarisse, il lui fallait des cadeaux spécials, et pas recommencer mes conneries de bouffon comme avec la cassette de *Terminator*. Déjà que sa reum, ça lui foutait les boules, Clarisse elle allait pas la contrarier ! C'est pas comme moi avec la mienne, qu'en a rien à secouer, puisque déjà on regarde pas les mêmes films à TF1. Il faut respecter les goûts des gens, là-dessus, monsieur Hardouin il a raison de me dire toujours ça.

Clarisse elle a été super contente du parchemin. Forcément, il fallait qu'elle me fasse un cadeau, elle aussi, alors elle m'a donné des cheveux ; ça m'a épaté, j'avais jamais entendu dire qu'on pouvait faire un cadeau ça comme !

Elle les avait mis dans une enveloppe, c'était ses cheveux à elle, des bouts qu'elle avait coupés et attachés avec une petite ficelle. Plus un pshitt de parfum à sa reum qu'elle a mis dessus. Le soir où elle me les a donnés, on s'est embrassés, Clarisse et moi. Mais attention, on s'est pas roulé une pelle ! Ni moi, j'lui ai pas touché sa teuche sous la jupe, ça je vous le jure, la vérité, la vie de ma mère si je mens ! Juste sur les joues, un bisou, quoi.

Les cheveux, je les ai pas sortis de l'enveloppe, je les ai mis sous mon oreiller, dans ma chambre. Je savais pas quoi faire d'autre avec, mais j'étais content. C'était une preuve comme quoi Clarisse j'étais presque son amoureux pour de vrai.

Je voulais demander conseil à monsieur Hardouin, comment qu'il fallait que je fasse avec Clarisse et tout, mais j'osais pas. J'aurais dû, ça m'aurait évité les embrouilles, mais maintenant c'est trop tard. Monsieur Hardouin, je suis sûr qu'il m'aurait aidé. Dommage.

*

Pendant tout ce temps-là que je vous parle de mes devoirs chez Clarisse, le soir, après manger, j'allais rue Piat, au local que Djamel et ses copains ils avaient, dans une cave des HLM. Le local, il était fermé avec deux gros cadenas sur la porte en fer, des fois que des enculés de leur mère ils viennent tirer le matos ! C'est des trucs qu'arrivent souvent, dans les caves. Si on veut être tranquille, il faut se protéger.

Avec tout ce qu'ils avaient tapé et qu'ils revendaient à Barbès, Djamel et les autres, ils se faisaient plein de thune; comme ils m'aimaient bien, ils m'en refilaient un peu. Ils m'appelaient tous « petit frère », style pour bien me faire comprendre que j'étais pas un bouffon ni un gogol, que je savais me défendre, et qu'ils me prenaient avec eux dans leurs coups de reurtis. Ils avaient des tas de nouveaux plans pour des parkings de richards, vers La Chapelle ou les Buttes-Chaumont. Ils se prenaient bien la tête avec ça, normal, parce que les autoradios, ça leur avait rapporté un max.

En plus, Laurent, dans une des caisses, il avait trouvé un collier dans la boîte à gants, un collier avec des perles blanches. On le matait tous les soirs, dans l'étui avec du velours rouge, mais on savait pas trop si c'était un vrai truc de richard ou pas. Faut faire gaffe. Des fois, même les richards, ils tapent la frime avec leurs gonzesses, style ils leur offrent des faux bijoux juste pour qu'elles les sucent, c'est Laurent qui disait ça. Djamel il avait déjà lu la même histoire dans un journal, et Saïd il avait vu pareil dans un film de Canal Plus. Alors, c'était sûrement pas des conneries !

Côté meufs, ils étaient super contents, parce qu'avec Zora, ça avait marché. Islam, pas Islam, elle en avait rien à foutre, Zora ! Elle avait fait la pipe à Djamel et Laurent, et après Saïd et Marc ! Pas de différence du moment qu'ils allongeaient la thune ! « Liberté, égalité, t'as qu'à me sucer » il disait, Djamel, en se marrant.

Zora, c'était pas une cistra comme les salopes de la rue Saint-Denis. Ils avaient attendu chacun leur tour dans le studio, même qu'il paraît que ça les avait bien branchés de mater, Djamel pendant que Laurent il se faisait sucer, et pareil Laurent quand Zora elle l'avait fait à Djamel.

Ils voulaient y retourner, et m'emmener avec eux,

ils me disaient que ça me ferait du bien, que ça pouvait pas tomber mieux pour moi, de commencer tout de suite ça comme, direct, et pas me faire un plan touche-pipi comme ceux de mon âge au collège. Je leur ai dit qu'ils étaient dingues ! Zora, elle habitait dans ma cité et il manquait plus que monsieur Hardouin il me voie entrer ou sortir de chez elle, alors là, il allait me coller une dérouillée ! Ma reum, avec un scandale pareil, elle aurait pas su où se planquer ! Faut pas déconner, quand même !

*

C'est pendant ces jours-là qu'on parlait à propos de Zora qu'il y a eu une super embrouille avec les keufs, à Besbar. C'est à cause d'un black qui s'était fait pécho en pleine nuit avec deux copains à lui, du côté de Château-Rouge. Ils venaient de casser un bureau de tabac et ils s'arrachaient avec les cartouches de cigarettes juste au moment où des keufs se sont amenés, style bagnole à gyrophare et tout.

Les blacks, ils se sont retrouvés avec les menottes, direct au commissariat. Et là, y a un keuf cistra qu'a voulu foutre la trouille à un des blacks avec son flingue. Il lui a collé sous le nez, seulement voilà, le keuf il a tiré, le black il a tout pris dans la tête, il était mort pour l'autopsie direct, la vérité !

En plus, le keuf il a dit qu'il l'avait pas fait exprès, vas-y, c'est n'importe quoi ! C'est dégueulasse, les keufs ils ont le droit de tout faire, personne leur dit rien ! La famille du black, ils se sont pris les boules, ils ont branché les journaux et tout, du coup, y a eu le souk dans le quartier.

C'était grâce aux « médias », il a dit, Laurent. « Médias ». D'abord, j'ai cru que c'était son nom, au black qui s'était fait descendre, style une famille, comme les Ivoiriens Mendy dans notre cité. Mais après j'ai pigé que « média », c'était un mot spécial pour dire les journaux, la 6, Poivre d'Arvor sur TF1 et tout. Mademoiselle Dambre elle nous avait pas appris ce mot-là, mais je lui en veux pas. Il aurait fallu qu'elle prévoie la baston à Château-Rouge pour nous demander de chercher médias dans le dictionnaire, et ça, c'était pas possible.

D'abord, c'était des keums de la politique à monsieur Hardouin qui sont venus à Château-Rouge avec des banderoles contre les keufs cistras. Plus « SOS racisme », comme ceux que Mouloud, le grand frère à Mohand il voyait, avant de se brancher mosquée. Ils gueulaient des trucs contre les keufs, ça faisait tout un barouf.

Et y avait plein de monde. Plus toutes les bandes d'Aubervilliers, de La Courneuve ou d'Aulnay qu'étaient descendues par le RER à La Chapelle, c'est pas loin. Mais eux, leur trip, aux bandes, c'était pas les banderoles, ils se faisaient plutôt un plan vengeance, la baston tout de suite ! Ils avaient amené des battes et des foulards. Les CRS ils avaient des casques noirs et des fusils à lacrymo. C'était super chaud, dans le quartier.

Djamel et moi on a zoné à Château-Rouge, avec Laurent et les autres. À un moment, les keums de La Courneuve, ils ont commencé à balancer des pierres sur les CRS, vachement fort, en leur gueulant nique ta mère, enculés, ta mère la pute, putain de ta race et tout. Alors les keufs ils ont tiré avec leurs fusils, y avait des grenades qui pétaient partout avec de la fumée, on pouvait pas rester tellement on chialait.

Les SOS, ils racontaient partout qu'il fallait pas se véner, qu'on était pas là pour la baston, juste pour protester. Mais les keums de La Courneuve c'était pas le moment de leur prendre la tête avec de la politique. De Château-Rouge jusqu'à Besbar, ils se sont mis à niquer les vitrines avec leurs battes. Les boutiques, c'étaient des bijouteries. Y avait qu'à se servir en faisant gaffe de pas se couper.

Djamel, il était super excité, des plans reurtis ça comme, il en avait jamais vu ! Il a commencé à cavaler comme un dingue, mais y avait ces enculés de leur mère de photographes des médias qu'étaient partout et qui mataient. Dans une boutique rue des Poissonniers, avec Saïd et Laurent, on a pécho des foulards de meufs avec la Tour Eiffel dessus et on se les est mis sur le nez ; ça comme on pouvait plus nous reconnaître !

Les keufs de la CRS ils nous couraient bien un peu après, mais on voyait qu'ils avaient la pétoche de se prendre une batte, parce que les keums des bandes, ils se défendaient. Ils en pouvaient plus de voir les boutiques de bijoux juste devant eux. Alors ils étaient vraiment prêts à la baston sérieux.

Moi j'ai cavalé derrière Djamel et on a pu entrer dans une boutique. Les glaces elles étaient complètement niquées, ça faisait comme de la neige par terre. On a tiré des montres, des colliers, des bagues. Pour les emporter, j'ai enlevé mon haut de survêt', genre ça faisait un sac. À un moment, le patron de la boutique il a essayé de nous empêcher. Mais la vérité, comment Djamel il lui a niqué la tête avec ses pompes à coques, c'est trop ! Dans la baston, les Doc Martens, y a pas mieux. Y avait deux keums de La Courneuve avec nous, ils ont continué à le taper et eux, ils ont carrément tiré la caisse avec les billets, y avait plein de scalpas qui dépassaient de leurs poches.

Après on s'est tous arrachés vers le carrefour Barbès parce qu'y avait les keufs qui arrivaient. On était plein à cavaler, pliés en quatre à se marrer tellement on avait tiré de matos ! On a descendu Magenta, et ceux de La Courneuve ils ont dégagé vers gare du Nord pour rentrer dans leurs cités.

J'ai juré de tout dire, alors je dis tout, la vérité, vous voyez bien. Les boutiques de bijoux, à Barbès, ouais, j'y étais. La vie de ma mère si je mens !

Le soir, dans le local rue Piat, on s'est encore bien éclatés à se marrer comme des dingues. Laurent il était allé acheter des bouteilles de rhum chez les Chinois, alors ils ont picolé. Ils ont compté les montres, les bagues, les colliers, plus un peu de thune que Saïd il avait pris dans un magasin et ils ont tout rangé dans des boîtes en fer.

Comme je l'avais bien aidé dans la bijouterie à Besbar, Djamel il a proposé qu'on me donne le collier avec les perles, laçui que Laurent il avait tiré dans la Mercedes au parking de la rue de Flandre, et qu'on savait pas si c'était un faux ou non. Ils ont tous été super, ils ont dit oui.

On a continué à taper la discuss' peinards dans le local. Moi j'étais assis dans mon coin, avec la boîte en velours rouge du collier sur les genoux, je la tripotais sans arrêt. Laurent il arrêtait pas de picoler du rhum alors au bout d'un moment il a été paf, il s'est mis à déconner complètement, comme quoi il voulait aller se faire la Zora, la niquer tout de suite. Il était près de minuit, c'était n'importe quoi.

— Reste tranquille, vas-y, c'est pas le moment de faire le bouffon ! qu'il lui a dit, Djamel.

Mais Laurent, y avait pas moyen de le calmer, il avait baissé son jean et il se frottait le zob contre les photos des meufs X-hard, genre comme si c'étaient des vraies, qu'elles allaient lui faire des trucs. Il en a mis plein partout, des taches sur les photos et sur son jean, c'était dégueulasse. Complètement ouf ! Au lieu d'aller se choisir une petite meuf bien gentille comme Clarisse, il pensait qu'à niquer. Faut pas déconner, quand même. Au bout d'un moment, il s'est senti mal, et il est parti dégueuler dans le couloir des caves.

Moi, je me suis tiré du local pour rentrer à la maison. Je me méfiais que ma reum elle aille pas téléphoner, après la baston de Besbar, juste à côté de son boulot à Lariboisière. Mais non. Nathalie elle nous avait offert un répondeur depuis que ma reum elle bossait de nuit, pour pouvoir prévenir en cas d'urgence. On sait pas, c'est vrai, des fois, un accident ? Un « impondérable », il disait Antonio, style il connaissait des mots, ce connard de portos ! Mais y avait pas de message.

J'ai regardé les infos sur la 6. Ils ont montré des images de médias à Besbar. C'était géant de voir ça à la télé, la vérité ! J'en revenais pas, et en même temps je matais super concentré, des fois qu'ils nous aient filmés, Djamel moi et les copains, ces enculés de la 6. J'ai été super soulagé, on nous avait pas vus. La boîte en velours rouge avec le collier, je l'ai planquée dans le placard de la cuisine. Comme c'est toujours moi qui passe le balai-éponge sur le carrelage, y avait pas de risque que ma reum elle le trouve.

*

Tout ce que je vous ai raconté à propos de Besbar, c'était un vendredi soir. Le dimanche, la reum à Clarisse elle m'a encore invité chez elle. J'avais super envie de la voir, Clarisse. Mais pas ses copains qui faisaient la zicmu avec elle, et pourtant ils étaient encore là, à taper la discuss' avec leur plan concours du conservatoire et tout...

Et ça a été encore le même trip avec les gâteaux tout petits, assis sur le canapé, en faisant gaffe de pas renverser sur le tapis. Le père à Clarisse, il était là aussi. C'était un keum assez cool, il fumait la pipe comme monsieur Hardouin, mais avec un costard classe, je sais pas, moi, genre C&A, super stylé, alors que monsieur Hardouin, le pauvre, il essaie de faire le maximum, mais comme il sait pas repasser, ça en jette pas, sa veste elle est toute froissée.

À un moment, la reum à Clarisse elle nous a dit qu'ils partaient au théâtre avec son mari, mais qu'on pouvait rester pourvu qu'on fasse pas de bêtises. On a tous dit d'accord, on a promis.

Une fois que les parents ils se sont tirés, les copains à Clarisse, ils ont drôlement changé. Ils se sont mis à déconner. Pas comme ceux de la SES évidemment, vu qu'ils étaient éduqués. Ils ont mis un CD pour danser, chacun son tour avec Clarisse, un genre de zicmu moderne, mais pas du rap comme Public Ennemy ou NTM. *New wave*, ils appelaient ça. Moi je savais pas danser ça, et puis de toute façon j'aime pas. Ils ont mis un autre CD encore plus cool où on serre la meuf, les mains autour des hanches, collés.

J'avais les boules pour Clarisse, la vérité !

Nathalie, c'est comme ça qu'elle a fini par se faire mettre par Antonio, ce gros bouffon de portos. Il l'a draguée dans une boîte de la rue du Faubourg-Poissonnière où il faut une cravate pour pouvoir entrer. Elle m'a raconté qu'y avait une grosse boule en verre qui brillait au-dessus de la piste, dans le noir. Avec la thune de l'entrée on a droit à une consommation gratuite. Elle s'éclatait bien là-bas, tous les dimanches, Nathalie ! Sauf que je voudrais pas dire, mais comme elle est partie, elle va se retrouver avec la cloque et pas qu'une fois ! Parce que les portos, c'est comme les reubeus, ils aiment pas la pilule, c'est bien connu. Alors là, elle pourra toujours les découper, ses photos de Cindy Crawford ! Bref, ça me regarde pas, après tout, chacun est libre de mener sa vie, c'est ce qu'il me dit toujours, monsieur Hardouin.

Clarisse, c'était l'un après l'autre qu'ils la tenaient, ses copains. Ils la frottaient. Je regardais. C'était pas possible de se gourrer, ils la frottaient, la vie de ma mère ! Au bout d'un moment, elle a compris que j'avais les boules alors elle m'a proposé de danser *new wave* avec elle. Elle est gentille, Clarisse. Je l'ai prise par les hanches et j'ai dansé. Je frottais pas trop, des fois qu'elle aille croire que je voulais lui faire des trucs dégueulasses. Les autres, ils se marraient à nous mater, alors à la fin je me suis véner et j'ai dit à Clarisse que j'allais me tirer.

— Arrêtez, vous êtes pas drôles, puisque c'est comme ça, on danse plus du tout ! elle a fait à ses copains, et elle a coupé la chaîne.

Fabien, Alexandre et Arthur ils l'ont regardée, super étonnés. Y en a pas un qui l'a ramenée. Clarisse, ils la respectaient vachement.

— De toute façon, il a fait, Fabien, c'est pas drôle quand il y a qu'une seule fille !

Ils ont mis leurs manteaux par-dessus leurs blazers, un genre de veste toute bleue comme ils portent, les directeurs à la Sécu ou à la CAF, et ils sont sortis. Moi je serais bien resté tout seul avec Clarisse, mais j'ai pas osé.

Si elle m'avait dit reste, ça aurait pas été pareil, mais là, elle était véner contre les autres, et du coup, j'ai pris aussi, c'est pareil, au collège, quand y en a un qui fait une connerie, tous les autres morflent. Les meufs gentilles comme Clarisse faut pas les embrouiller, sinon ça finit toujours ça comme. Quand même, ça m'avait fait vachement plaisir qu'elle engueule ses copains pour me défendre.

— Je peux te faire une bise ? j'y ai demandé.

— Évidemment, elle m'a dit, en me tendant sa joue.

Elle m'a fait une bise aussi. Juste quand j'étais sur le palier et qu'elle attendait que je sois descendu pour fermer sa porte, j'y ai demandé si elle avait toujours le parchemin avec le poème des Yeux. Elle m'a dit qu'elle l'avait rangé quelque part, mais qu'elle savait plus où. Le principal, de toute façon, c'était qu'elle l'avait pas foutu à la poubelle.

— Si je te fais un beau cadeau, ça te fera plaisir? j'ai demandé.

Clarisse elle est devenue toute rouge. Elle a pas su quoi répondre. Les meufs, elles font toutes ça. J'avais bien vu comment Antonio il faisait pour draguer ma sœur Nathalie. Il parlait tout le temps de cadeaux et Nathalie elle faisait sa crâneuse, style elle demandait rien, mais quand il lui amenait des trucs chez nous, elle en pouvait plus. Elle l'embrassait, elle l'appelait « chouchou », même que ma reum elle faisait un peu la gueule, parce que des cadeaux de mon vieux, elle en a jamais eu des masses. Alors si même un portos il pouvait faire ça, pourquoi pas moi? C'est ce que j'ai pensé en descendant l'escalier.

Quand je suis arrivé en bas dans la rue, j'ai vu qu'Arthur, Alexandre et Fabien ils m'attendaient. Si c'était la baston qu'ils voulaient, on allait bien se la donner, parce que j'avais pas la pétoche!

D'abord ils étaient pas sapés pour ça, dans la

baston faut être à l'aise, en plus, même s'ils étaient trois, moi j'avais mon cutter dans la poche de mon haut de survêt' ! Je m'étais écrasé chez Clarisse, mais maintenant j'étais plus obligé. C'était eux qui cherchaient, on pouvait rien me dire, j'étais défense légitime, faut pas déconner, quand même ! Il m'avait expliqué ça, monsieur Hardouin, en me montrant un flingue qu'il a chez lui dans le tiroir de sa table de chevet.

— Il ne faut jamais provoquer, mais quand on n'a plus le choix, alors on a le droit de se défendre ! Les tribunaux le reconnaissent ! il m'avait dit.

Mais non, ils voulaient pas chercher l'embrouille, les copains à Clarisse. Ils ont dit qu'ils s'excusaient s'ils s'étaient « moqués » de moi, mais que c'était pas méchant. J'ai dit bon, salut, mais ils ont commencé à marcher à côté de moi sur le trottoir. On a descendu les escaliers de la rue Manin. Je disais rien. C'est Arthur qu'a parlé en premier, comme quoi ils avaient un service à me demander.

Arthur, il était tout petit avec des grosses lunettes, alors que les deux autres, ils me dépassaient. Ils avaient treize ans, tous les trois. Je voyais pas quel service ils pouvaient me demander. Ils osaient pas me le dire, ils se sont mis à tchatcher comme quoi pour un keum comme moi, ça devait pas poser de problèmes et tout, que je savais bien me défendre, style ils me respectaient ! À la fin j'en ai eu ras le bol de leurs mystères et je leur ai dit d'accoucher. Alors c'est Fabien qu'a parlé.

— On voudrait regarder une cassette porno, mais on ne sait pas comment faire pour s'en procurer une ! il a dit. Toi, tu dois bien avoir une idée, non ?

Il était devenu tout rouge, c'était trop ! Finalement, avec leurs blasers et leurs manteaux, ils étaient pas mieux que Djamel et Laurent, ils voulaient qu'un truc, c'était se brancher sur des meufs ! Enfin, pour le moment ils voulaient juste mater pour commencer, parce que j'étais sûr qu'avec leur look de richards ils allaient pas se mettre à zoner rue Saint-Denis. Comme quoi, quand on regarde les choses, on se dit mais où qu'elle est la logique dans la vie ? Parce qu'eux, c'était pas des reubeus, alors ils risquaient pas de se faire jeter par les tepus, comme Djamel !

Au début je me suis marré, complétement éclaté j'étais, j'arrivais plus à m'arrêter. Ils me regardaient comme s'ils croyaient que je me foutais de leur gueule, mais ils osaient même pas se véner tellement ils avaient la pétoche de moi. C'était géant.

— Bon, si tu veux pas, tant pis, il a fait Alexandre, au moins ne le dis à personne, parce que nos parents, tu comprends…

Ils étaient super déçus, ils ont arrêté de marcher et ils sont restés là sur le trottoir, comme des bouffons, la vérité ! J'ai arrêté de me marrer pour réfléchir, parce que ça me branchait bien, leur histoire. Si je leur filais, leur cassette X-hard, en échange, je pourrais leur faire un plan comme quoi ils allaient foutre la paix à Clarisse, et plus la frotter en dansant *new wave*.

C'était du chantage, pareil que dans *Inspecteur Harry* ! Quand il veut baiser ses ennemis, il leur crache le morceau : une supposition qu'ils sont dans la merde et qu'il le sait, alors il leur dit « je ferme ma gueule pour cette fois-ci, mais vous allez vous allonger vite fait sinon je vous balance ! » À chaque fois, les autres ils sont obligés de s'écraser, la vérité, il les nique vite fait, l'inspecteur Harry !

— Je vous passe une cassette, mais Clarisse, faut plus continuer à la draguer ! je lui ai fait, à Arthur.

Ils ont commencé à me prendre la tête, un plan de baratin style ils la draguaient pas du tout, elle avait que douze ans, qu'est-ce que j'allais imaginer encore ? Vas-y, c'était n'importe quoi, j'avais bien vu comment ils la frottaient, faut pas déconner quand même ! J'ai réfléchi de plus en plus et je me suis dit que c'était peut-être un coup de vice qu'ils préparaient avec Clarisse, style ils allaient lui montrer la cassette et lui faire des trucs, alors je leur ai dit ça, pas question !

Ils ont bafouillé comme des gogols, que j'étais ouf, que déjà la cassette X-hard, c'était super risqué pour eux comme plan alors en plus ils allaient certainement pas en parler à Clarisse ! Je leur ai fait jurer, sur la vie de leur mère, et tout.

Fallait tout prévoir, parce qu'avec des keums pareils, ça pouvait finir dans les embrouilles. D'abord, est-ce qu'ils allaient pas se faire pécho par leurs vieux ? Un coup de hasard, ça arrive des fois, je le savais bien, puisque Nathalie elle m'avait foutu ma cassette X-hard au vide-ordures avec une baffe par-dessus le marché !

Fabien, il m'a rassuré. Ses vieux, ils étaient docteurs à l'hopital, ils bossaient souvent la nuit, du coup, c'était fastoche, tous les trois ils avaient qu'à dire qu'ils révisaient une leçon un soir, et terminé, ils étaient peinards.

D'un autre côté je risquais pas grand-chose, parce qu'ils étaient même pas dans mon collège, Arthur et les autres. Ils allaient dans un truc privé pour les richards comme eux, vers la rue Botzaris. Vraiment, je voyais pas où il pouvait y avoir une galère ! Je leur ai filé rencart pour le lendemain soir au coin de la rue Manin, à huit heures avec la cassette.

Là où ils m'ont bien scié, c'est qu'ils m'ont passé chacun dix keusses, la vérité ! Trente keusses rien que pour une cassette X-hard, c'étaient vraiment des nazes ! Ils connaissaient même pas la boutique vidéo du pakis, rue de l'Orillon ! Des vidéos X-hard il en a plein, et on peut en acheter à cinquante balles, y a qu'à filer un peu de thune à un clodo qui zone dans le coin et lui dire d'aller en chercher une, pour pas avoir d'embrouille avec l'histoire des mineurs !

Quand j'ai raconté ça à Djamel et Laurent, le soir au local rue Piat, ils ont été morts de rire. Complètement éclatés ! Surtout Laurent, il se tenait le bide, allongé sur un matelas, il arrivait plus à se calmer. Trente keusses ! Il en pouvait plus !

— Vas-y, tu sais bien les monter, les coups de vice ! il m'a dit en pleurant, tellement il s'était poilé. J't'en filerai une, de cassette, j'en ai plein chez moi ! Gratos, comme ça t'auras un super bénef !

— Ça tombe bien que tu passes juste ce soir, il m'a fait, Djamel, parce qu'on a un nouveau plan reurti, et qu'y nous faut un petit comme toi !

*

Le plan à Djamel, j'aurais pas dû y aller, mais maintenant, c'est trop tard pour se prendre la tête style je regrette, puisque c'est fait. J'ai juré de tout dire, alors je dis tout. C'était le matin. J'avais fait comme si j'allais à la SES, avec mon cartable et tout. Je l'ai planqué dans le local où ils m'attendaient, Djamel et Laurent. Avec des mobs, on a pris la N3 par Pantin pour aller jusqu'à Livry-Gargan Moi j'étais sur la selle derrière Djamel et Laurent il roulait devant nous. Livry, c'est pas un coin où y a que des cités. C'est plein de villas de richards avec des jardins. On a tourné un peu pour choisir une maison où il y avait une meuf, on l'a bien vue par la fenêtre.

Djamel il m'a passé une bouteille de mercurochrome et je m'en suis étalé plein sur mon bas de survêt'. Un vieux d'Auchan tout pourri, j'allais quand même pas bousiller mon Nike tout neuf rien que pour ça ! Faut pas déconner ! J'ai déchiré le futal au genou, style j'avais une super blessure. Pendant que Djamel et Laurent ils se planquaient, j'ai sonné au portail de la villa, genre je m'étais viandé en vélo, j'avais mal, il fallait du secours, l'hosto au moins !

La meuf, elle est venue m'ouvrir au bout d'un moment, un peu véner que je la dérange, mais quand elle a vu ma guibolle, elle s'est tout de suite calmée et elle m'a fait un grand sourire en disant «pauvre mignon, comme tu dois souffrir! ». Moi je faisais style j'avais super mal, j'y ai donné un numéro de téléphone bidon, pour qu'elle appelle mes vieux. Elle est partie en courant, et elle a laissé la porte ouverte.

C'est à ce moment-là que Djamel et Laurent ils se sont amenés. Ils sont rentrés dans la baraque. Ils avaient chacun un cutter à la main, des fois que. Mais comme c'était une meuf, on craignait pas trop. Moi, j'avais terminé mon boulot puisque la porte était ouverte, après c'était à eux de se démerder. J'ai attendu en faisant le pet. Je matais les mobs, des fois que des enculés de leur mère ils viennent nous les chourer, la vérité, ça arrive tout le temps!

J'attendais, j'attendais, j'en avais ras le bol parce que normalement, il m'avait dit Djamel, ça devait être super rapide. J'ai entendu gueuler dans la baraque, et comme j'étais juste devant la porte, je suis entré, à force. La vérité, ça se passait mal avec la meuf, elle voulait se défendre! Elle avait pécho un couteau dans sa cuisine! Djamel et Laurent, ils savaient plus quoi faire. Mais la meuf elle avait trop la trouille, elle tremblait, alors Djamel il a réussi à lui balancer un coup de Doc Martens dans le ventre, et avec les coques en fer, ça lui a fait super mal.

Elle s'est rétamée à genoux sur la moquette et elle a laissé tomber son couteau. À ce moment-là Laurent il y a sauté dessus pour l'empêcher de bouger, pendant que Djamel il matait ce qu'il y avait à tirer. Il a niqué tous les tiroirs dans le salon. Y avait que dalle, à part des merdes qu'étaient trop grosses pour qu'on puisse les mettre dans les sacoches des mobs.

La meuf elle en pouvait plus, elle chialait. Elle arrivait pas bien à parler, mais elle a dit à Djamel qu'au premier étage, y avait de la thune et des bijoux, dans une boîte à côté du lit. Djamel il a cavalé dans l'escalier.

C'est à ce moment-là que j'ai pigé que Laurent il était vraiment pas net dans sa tête. La meuf, au lieu de juste la tenir pour pas qu'elle puisse bouger, il a commencé à lui remonter sa jupe et à lui faire des trucs. Le temps que Djamel il arrive en haut de l'escalier, il était déjà à lui déchirer son collant et sa culotte. La meuf elle avait la terreur, elle bougeait plus ni rien. Et ça c'est passé super vite, quand Djamel est redescendu, Laurent il la niquait direct. Djamel il a été comme oim, il en revenait pas, la vérité !

— Vas-y arrête ! il a gueulé. Faut qu'on s'arrache, maintenant, je l'ai, la thune !

Il montrait un paquet de biftons, mais Laurent

il était sur la meuf, allongé avec elle sur la moquette et il remuait vachement vite. Djamel il bougeait plus. Quand ça a été fini, Laurent il s'est relevé et il nous a regardés en se marrant. La meuf elle était restée sur le dos avec les jambes écartées, on y voyait sa teuche. Djamel il a eu comme un frisson et il a cavalé vers la sortie. On l'a suivi, Laurent et moi, et on est remontés sur les mobs à fond la caisse.

*

Quand on est revenus dans le local, rue Piat, on s'est pas parlé tout de suite. On est restés assis un bon moment sur les matelas. Djamel il avait les boules, et moi aussi. Comme plan reurti, on pouvait trouver plus peinard ! Y avait que Laurent qu'avait trouvé ça géant, il y repensait en se marrant, mais sans rien dire. Je voyais ses yeux avec des veines rouges partout, il était bien allumé. Il a ouvert une bouteille de rhum et il a recommencé son plan poivrot. Pendant ce temps-là, Djamel il comptait la thune, celle qu'on avait tirée chez la meuf à Livry, plus tout ce qui restait d'avant. Y avait de quoi voir venir.

— On va se calmer ! il a fait, Djamel. Se la jouer un peu plus cool ! Les parkings, c'est plus peinard !

Moi j'étais plutôt d'accord. Sur les murs du local, y avait les photos des meufs qu'écartaient les fesses pour montrer leur teuche et je pouvais pas m'empêcher de repenser à celle de Livry. Elle était pas vraiment canon, comme je dirais par exemple mademoiselle Dambre ou la reum à Clarisse, mais quand même, elle était pas mal. Du coup, les photos, ça m'empêchait d'oublier, je sais pas pourquoi.

— J'veux m'éclater! il disait Laurent, avec sa bouteille à la bouche.

Elle était vide, alors il l'a balancée. Elle s'est pétée. Djamel il a râlé à cause des bouts de verre partout.

— Vas-y, ça me suffit plus tout ça, il a continué, Laurent, j'veux vraiment m'éclater! J'veux m'déchirer la tête!

Au bout d'un moment, j'ai repris mon cartable qu'était resté là depuis le matin et je suis retourné au collège. J'avais loupé la matinée, mais c'était pas grave. Mademoiselle Dambre elle était en stage pour sa pédagogie de section, et le pion il avait même pas pensé à faire l'appel du matin, c'est Romain qui me l'a dit.

Dans la cour, j'ai vu Clarisse. Elle m'a fait un sourire, et dans ma tête, ça s'est tout brouillé avec le sourire que la meuf de Livry-Gargan elle m'avait fait quand j'avais sonné à son portail, la vérité ! Y a son visage qui s'est mélangé à çui de Clarisse, c'était style un cauchemar. À ce moment-là j'aurais dû piger que les conneries à Laurent, ça allait vraiment mal finir mais j'ai continué quand même à le voir, avec toute la bande à Djamel. J'ai déconné grave, je cherche pas à dire le contraire.

*

Jusqu'à Pâques j'ai continué à aller chez Clarisse pour faire les fiches lecture spéciales de mademoiselle Dambre, plus des fiches problèmes ; ça allait super vite, mes progrès. Ce qu'était relou c'est que je la voyais presque pas, Clarisse. Elle faisait tout le temps son violon pour le concours du conservatoire alors elle avait pas le temps de discuter, forcément. J'étais un peu véner parce que ça avançait pas avec elle, mais en même temps je me disais que j'étais pas pressé.

— Patience ! T'as mis le pied dans la place, c'est le principal ! il me disait, monsieur Hardouin, en se marrant.

Même qu'avec mes progrès, mademoiselle Dambre elle a voulu voir ma reum ! Monsieur Belaiche il était d'accord avec elle, ils voulaient me faire un truc de commission pour me rattraper, pareil que Romain avec son CAP chaudronnerie.

Ma reum elle a commencé à se véner quand j'y ai dit que mademoiselle Dambre allait passer chez nous. Elle croyait que j'avais encore fait des conneries. Ma reum, de toute façon, elle voulait pas venir au collège, elle était trop crevée avec Lariboisière, alors fallait bien que ça soit mademoiselle Dambre qui se déplace.

Elles ont tchatché un soir, toutes les deux, assises sur le canapé, chez nous. Moi j'ai rien dit. Chaudronnerie, je trouvais ça plutôt relou, mais il paraît que c'était le plus facile comme orientation.

— Seulement voilà, il faut qu'il continue ses efforts jusqu'à la fin de l'année! elle a dit, mademoiselle Dambre.

J'avais envie d'y retourner, chez Clarisse, alors j'ai promis. Mais chaudronnerie, c'était un truc de bouffon, comme Antonio son électricité à Euro Disney. C'était juste le SMIC, faut pas déconner.

Nous avec Djamel et les copains, on continuait nos plans de parking, et de la thune, on s'en faisait vachement. Comme j'étais le plus petit, ils me donnaient moins mais c'était normal. Tout ce que je gagnais, je le planquais sous une plinthe, dans ma chambre, derrière mon lit.

Deux ou trois fois, pour les parkings, j'ai pas fait le coup du ballon, c'était pas obligé quand y avait pas de gardes. Je suis descendu direct avec les autres dans les sous-sols, avec une batte, pour niquer les BM. C'était surtout ça, les BM ou alors les R 25, qu'on cherchait. J'avais déjà trois cents keusses, la vérité qu'est-ce que j'allais me prendre la tête avec CAP chaudronnerie ?

Alors là, après la visite chez nous, mademoiselle Dambre elle en pouvait carrément plus. Elle me passait des bouquins, elle parlait sans arrêt de moi avec monsieur Belaiche comme quoi finalement c'était pas une fatalité, les échecs scolaires comme oim, et que ça lui remontait le moral et tout. J'étais content de lui faire plaisir mais fallait pas qu'elle me fasse des plans comme ça parce que du coup, les autres dans la classe ils étaient tout le temps après moi. Style j'étais le larbin des feujs, après les félicitations de monsieur Belaiche !

— Mademoiselle Dambre, elle mouille pour toi ! il me disait, Farid.

Je me faisais sans arrêt traiter de lèche-cul, même que Mohand il disait que c'était pas le cul que j'y léchais à mademoiselle Dambre, c'était la teuche, et que c'était son jus qui me donnait des vitamines pour le cerveau, comme avec la cure Supradyne dans la pub à la télé ! Vas-y c'était n'importe quoi, faut pas déconner ! Ils commençaient à bien me prendre la tête, tous avec leurs histoires de teuche, la vérité ! J'étais emmerdé quand même, parce que les réputations, au collège ou dans la cité, ça va super vite.

*

Les copains à Clarisse, je les voyais de temps en temps, eux aussi. Comme je leur avais passé leur cassette X-hard, ils m'en commandaient d'autres, allez paf, trente keusses à chaque fois, derrière la plinthe, avec le reste de ma thune ! Les vidéos, c'est Laurent qui me les filait. Il les piquait au rayon du BHV Belle Épine, à côté de chez lui.

— Belle épine de cheval, il disait en se marrant.

Laurent, Djamel et les autres ils avaient un nouveau plan, c'était le shit. Le soir au local rue Piat, ils amenaient des barrettes et ils fumaient des pétards. Ils étaient complètement éclatés avec ça. Une fois j'ai goûté mais j'ai trouvé ça nul, ça m'a fait dégueuler. Le seul truc qu'était bien, c'est que Laurent il picolait plus. Il s'était un peu calmé avec les meufs, vu qu'il allait souvent chez la Zora. On était peinards ça comme, la vérité, j'aurais bien voulu que ça continue.

Djamel, le shit il l'achetait à Belleville, mais ces

bâtards de keufs, ils ont pécho les dealers du coin, alors du coup, c'est vers Stalingrad qu'il fallait aller. J'y ai été avec lui deux ou trois fois. La vérité là-bas c'était chelou. Sous le tromé, juste à côté de la Rotonde, y avait des tas de keums qui prenaient de la dope, des vrais toxes avec la seringue et tout. Ils étaient complètement foncedés en zonant dans le coin, super maigres et toujours à chercher l'embrouille !

Même qu'un soir y en un qu'a voulu faire une dépouille à Djamel ! Il avait un rasoir, l'enculé de sa mère, il voulait y tailler une cravate, à Djamel ! Mais Djamel il s'est pas dégonflé, il se l'est bien donnée avec lui. À coups de pompes à coques, qu'il lui a éclaté les couilles ! Le toxe, il a dégueulé ses tripes dans le caniveau.

On s'est vite arrachés parce qu'il y en avait d'autres qui s'amenaient. Djamel, la vérité, fallait pas le véner ! J'en aurais bien voulu moi aussi, des Doc Martens à coques, je pouvais me les payer, mais dans les magasins des Halles, y avait pas ma pointure. Du 36, c'est trop petit pour les pompes à coques.

Ce bouffon de Laurent il aurait bien essayé la drepou, carrément, mais Djamel il s'est vachement véner, il y a dit que s'il en prenait, ils pourraient plus être dans le même local, ni dans les mêmes coups de reurti. Djamel il avait un copain qu'avait pécho le sida à cause de ça.

En plus ça coûtait un max, juste pour un petit sachet en papier ! Déjà qu'on se prenait la galère avec les gardiens dans les parkings, c'était des conneries de bouffon d'aller claquer la thune pour des trucs pareils, c'était comme pour les tepus, enfin, à mon avis.

Un soir, au local rue Piat, Aziz et Laurent ils ont ramené du caillou, des petites boules blanches toutes molles, comme des Malabars déjà mâchés. Djamel il pouvait rien dire, y avait pas besoin d'une seringue pour prendre ça, donc ils risquaient pas de pécho le sida. C'était géant, il disait Laurent, parce que ça coûtait moins de thune que la dope et que ça éclatait bien quand même. Ils ont méfu dans des pots de yaourt fermés avec du papier de cuisine en alu, et une paille plantée dedans pour tirer, comme monsieur Hardouin il fait avec sa pipe. Même Djamel.

La vérité, ça les a complètement déchirés, ils en pouvaient plus ! Ils tournaient en rond dans le local, super allumés. Ils pouvaient plus rester là après leur flash, alors au bout d'un moment ils sont sortis dans les couloirs des caves, super nazes, à balancer des coups de pompes dans les portes, vas-y c'était n'importe quoi ! Après ils sont partis en gueulant dans la rue, heureusement que c'est oim qu'a pensé à fermer les cadenas du local !

*

Juste avant Pâques, un soir que j'étais dans la chambre chez Clarisse à faire mes fiches, sa reum elle m'a dit que je pourrais plus venir pendant quinze jours parce qu'ils partaient en vacances aux Deux-Alpes pour le ski. Deux semaines sans voir Clarisse, ça me foutait bien les boules, une meuf gentille comme elle !

Du coup, le lendemain, j'ai profité que sa reum elle était partie téléphoner pour lui offrir le collier en perles dans la boîte en velours rouge qu'on avait pécho dans la Mercedes, au parking de la rue de Flandre, tout au début que je faisais reurti dans la bande à Djamel.

Clarisse, elle en revenait pas. Un beau collier ça comme, elle en avait jamais vu, la vérité ! Super étonnée, qu'elle était. J'y ai dit de faire gaffe, de le montrer à personne, qu'elle pourrait le mettre juste quand elle viendrait se promener avec moi, mettons pour prendre un exemple, dans les Buttes-Chaumont où y aurait rien que nous deux. Elle a dit bon, elle a mis le collier dans un tiroir sous ses bouquins de classe, elle m'a fait une bise et tout de suite après, elle a recommencé à faire des notes avec le manche de son violon parce que sa reum elle revenait dans la chambre.

*

Pendant les quinze jours qu'elle a pas été là, j'ai encore gagné plein de thunes avec la bande à Djamel. C'étaient surtout Laurent et Saïd qu'étaient les plus remontés, à cause du caillou. Ils arrêtaient plus de se défoncer avec ça, du coup, ils avaient besoin de taxer un max d'auto-radios parce qu'à la fin, quand même, ça finissait par être cher. Le local il était tout pourrave, avec les pots de yaourts qui traînaient partout, c'était plus bien rangé comme avant.

À force, on avait bien pécho les coups de vice pour entrer dans les parkings. Surtout moi qu'était petit. Arthur, la dernière fois qu'il m'avait demandé une cassette X-hard, au lieu qu'il me file du fric comme d'habitude, j'y avais demandé des sapes.

Un blazer, un futal en tergal, une chemise et des pompes Weston ! Il avait vachement la pétoche mais chez lui, des sapes, y en avait des tas, alors ses vieux ils se sont même pas rendu compte qu'il en manquait, la vérité ! En plus, du coup, il faisait un bénef de trente keusses, Arthur ! La vidéo, c'est comme s'il l'avait eue gratos… Comme il était juste de ma taille, ses fringues, ça m'allait super bien !

Sapé ça comme, j'allais zoner devant les immeubles avec des digicodes. Djamel et les autres, ils me suivaient en douce. Et dès qu'y avait un richard qui se pointait, je m'amenais et je rentrais dans l'immeuble avec lui ! J'étais clean, il se méfiait même pas ! S'il disait mettons je vais au quatrième dans l'ascenseur, moi j'y disais au cinquième ou le contraire, il se rendait compte de rien.

Après, je redescendais au rez-de-chaussée et j'ouvrais la porte à Djamel. On allait dans les caves direct, on en a niqué plein, c'est dingue ce que les gens ils peuvent planquer là-dedans ! Ou alors toujours les parkings, peinards. En plus, Aziz et Laurent ils avaient carrément tiré une caisse, du coup on pouvait mettre plein de matos dans le coffre ! La seule fois où on a eu des embrouilles avec des gardiens, c'était avenue Mathurin-Moreau, je me rappelle bien.

Djamel il avait commencé à défoncer un boxe pour voir c'qu'y avait dedans et il était tombé sur une super moto, une Suzuki 450. Il en avait super envie parce que sa mob à lui, à côté, ça faisait plutôt sonac ! Il s'est super véner pour scier l'antivol. Moi j'y ai dit que c'était que de la connerie, son truc, vu qu'il pourrait même pas sortir du parking, puisqu'il fallait une carte magnétique ! C'est des enculés de leur mère, les keums qu'installent les portes des parkings, eux aussi ils font des coups de vice, la vérité !

— T'es con, Djamel, j'y criais, mais il m'écoutait même pas.

À ce moment-là, il était déjà bien naze avec le caillou, Djamel. Il était plus jamais cool, comme avant. Il avait un drôle de regard, j'aimais pas ça, pourtant Djamel c'était le premier à faire le con, toujours à raconter des vannes pour que les copains ils se plient en quatre tellement ils étaient morts de rire ! Mais c'était fini, tout ça, j'aurais bien dû me rendre compte.

Bref, à force de se véner sur l'antivol, il a bien fini par le niquer mais du coup, y a la sirène qui s'est mise à gueuler, ça faisait un super barouf dans le parking. Y a deux gardiens qui se sont amenés avec des chiens, ces enculés de leur mère ! Heureusement, Laurent, Saïd, Aziz et Marc ils sont remontés vite fait du quatrième sous-sol. Et là, y a eu une super baston avec eux. Laurent, il a niqué les deux clébards avec son flingue à grenaille. Il en avait toujours un avec lui depuis le jour où il était tombé dans une embrouille avec des toxes, à Stalingrad, comme Djamel.

Après, ça a été leur fête, aux gardiens. C'étaient des froms genre poivrots ça comme laçui qui nous faisait chier sans arrêt, Farid, Mohand, Kaou et moi, quand on mettait des bateaux en polystyrène dans le bassin de la cité, avant qu'on rentre à la SES ! Style, ils voulaient bien taper la frime avec leurs uniformes, mais dès qu'ils avaient plus leurs clébards, y avait plus personne, la vérité !

Djamel et les autres, ils les ont pécho à coups de battes, fallait voir comment qu'ils les ont dérouillés, la vie de ma mère ! On s'est arrachés vite fait, sauf Laurent, qu'a traîné. La dope, ça le rendait vraiment chelou. Il a ouvert le bide d'un des clébards avec un cutter, et il y a sorti les tripes. Complètement ouf, ça servait vraiment à rien, il était déjà mort.

*

Mais à part ce soir-là, on a pas eu d'embrouilles. J'ai été super content parce que Clarisse elle m'a envoyé une carte postale de son ski aux Deux-Alpes. Elle m'avait mis un mot gentil comme quoi l'année prochaine elle espérait bien que je pourrais venir m'éclater avec elle sur les pistes.

Tous les soirs, je regardais la météo sur la Une pour voir si elle avait du beau temps et surtout de la bonne neige, là où elle était à son hôtel. J'étais pas tranquille à cause des avalanches, des fois qu'elle se croit trop fortiche et qu'elle aille faire du hors-piste, mettons un exemple comme les aventuriers de l'extrême à *Ushuaia*. Il en parlait sans arrêt, le keum de la météo spéciale stations. Mais monsieur Hardouin, il m'a rassuré en me disant que Clarisse, c'était une fille sérieuse et qu'elle ferait sûrement pas des coups de frime comme ça.

Au local rue Piat, l'ambiance, ça devenait carrément relou. Aziz il venait même plus parce que le plan caillou, ça lui foutait les boules. Il sentait bien qu'il devenait accro, il avait la pétoche. En plus, quand y a eu un article dans le journal à cause des gardiens de l'avenue Mathurin-Moreau, Saïd il a dit qu'il faisait pareil, il se barrait. Djamel et Laurent, ils les ont traités comme quoi ils en avaient rien à foutre d'eux.

Moi, le caillou j'en prenais pas, et les gardiens du parking, je les avais même pas touchés ! J'avais pas voulu, sapé comme j'étais, avec les fringues qu'Arthur il m'avait filées, ça les aurait niquées, alors que c'était vraiment des belles fringues, super classe. Déjà que je les repassais tous les soirs dès que ma reum elle était partie à son boulot, j'allais pas gâcher ! Faut pas déconner, quand même !

Un soir, la veille qu'on rentre au collège, je les ai attendus longtemps, Djamel et Laurent. J'ai fait le ménage dans le local, c'était vraiment dégueulasse. J'ai viré tous les pots de yaourt, les pailles, toutes les saloperies, j'ai secoué les couvertures, j'ai même rescotché les photos des meufs à poil sur les parpaings ; avec l'air sec et chaud qu'y avait dans les sous-sols, la colle, elle tenait pas bien. J'avais bien remis le poster de la Palestine contre les feujs, pour que Djamel il gueule pas. Il pouvait pas râler, le local il était propre, c'était agréable. Surtout qu'on avait apporté un radiocassette à piles, pour écouter de la zicmu peinards. Je relisais sans arrêt la carte postale de Clarisse, genre c'était mon porte-bonheur, je sais bien que ça fait un peu style gogol, mais bon, si je vous le dis, c'est que c'est vrai.

Vers onze heures, Djamel et Laurent ils ont radiné, déjà bien foncedés, avec une meuf. Elle était encore plus déchirée qu'eux, elle savait même pas où qu'elle se trouvait, la vérité, la vie de ma mère si je mens ! La meuf, c'était une céfran, brune, dans les dix-huit ans, avec des sapes dégueulasses. Une toxe, y avait qu'à la mater rien qu'une minute pour se rendre compte !

Quand elle a enlevé son jean, on a bien vu les bleus qu'elle avait partout sur les cuisses, sur les mollets, ça trompait pas, elle s'était bien pécho toutes les veines avec des seringues. Le jean, si elle l'a enlevé, c'est parce que Djamel et Laurent ils voulaient la niquer. Ils avaient déjà sorti leurs zobs et elle les a sucés pour commencer. De temps en temps, elle s'arrêtait pour bien leur faire promettre qu'ils allaient lui en filer, du caillou.

— Ouais, ouais, nous prends pas la tête, qu'ils lui disaient, suce d'abord, t'en auras après !

Ils en pouvaient plus de se marrer et de soupirer tellement la meuf elle leur faisait du bien. La vérité, c'était trop, ce plan délire. Laurent, je m'en foutais, mais Djamel, ça m'a bien véner qu'il fasse le gogol ça comme, parce qu'avant il était super sérieux. Alors je me suis tiré du local, et je croyais bien que j'y reviendrais jamais.

Je suis rentré à la maison. J'ai tiré mon lit pour compter combien j'avais de thune planquée derrière la plinthe. Cinq cents keusses ! Les billets, je les avais bien repassés à plat pour qu'ils prennent pas trop de place. Avec ça, j'étais cool. Je pouvais attendre avant de retrouver une nouvelle bande de reurti pour faire des autres coups. Mais là, attention, j'allais d'abord taper la discuss' sérieux, pour pas tomber sur des oufs comme Djamel. J'avais appris plein de trucs avec lui, ça je cherche pas à embrouiller personne, la vérité, mais je voulais pas me faire piéger dans son plan toxe !

Ce soir-là, j'avais pas envie de regarder une vidéo, mais en même temps, j'avais plus l'habitude d'être tout seul, alors je savais pas quoi foutre. J'ai relu le bouquin de monsieur Hardouin sur les Yeux et je me suis dit comme ça que pourquoi j'en écrirais pas, moi aussi, des poèmes ? Des spécials que j'inventerais exprès pour Clarisse !

J'ai essayé de trouver des trucs jolis à dire, mais c'était dur à cause de l'orthographe. Fallait pas déconner et lui amener un poème plein de fautes ! Au bout d'une heure, j'avais trouvé des idées sur la joue de Clarisse, comment elle la mettait sur son violon, et ses cheveux qui virevoltaient partout.

Virevolter, c'est un verbe que je me souvenais, dans une fiche lecture de mademoiselle Dambre, style les feuilles de l'automne qui tombent des arbres en allant pas droit. Elles font des zigzags tellement y a du vent. Clarisse elle avait les cheveux roux, alors ça me branchait bien question couleur, par rapport aux feuilles. J'ai juste fait deux vers, c'était crevant de vérifier à chaque fois dans la grammaire pour les accords comme elle m'avait appris, mademoiselle Dambre.

*

C'est à la rentrée des vacances de Pâques que tout a merdé. Dans la cour du collège, le matin, j'ai cherché Clarisse partout. Je voulais lui dire merci pour sa carte et la prévenir que le poème que je lui préparais, c'était vraiment géant. Elle était pas là. Je me suis bien pris la tête, genre elle s'était pété une guibolle, elle était à l'hôpital à avoir super mal ! La vérité, rien que de penser à ça, j'en pouvais plus ! Une petite meuf bien gentille comme Clarisse, ça aurait pas été juste mais dans la vie, de toute façon, tout est dégueulasse. Ses copines savaient pas pourquoi elle était pas venue au collège, je me suis pas dégonflé, j'ai traversé toute la cour pour aller chez les sixièmes normales et je leur ai causé, mais ça a servi à rien, elles ont rien voulu me dire.

Mademoiselle Dambre nous a emmenés aux Buttes Chaumont, genre on allait faire des photos des oiseaux pour préparer une super expo, rien que pour nous dans le hall de la SES. Elle avait amené un appareil à elle, un Nikon, je connaissais bien parce qu'avec Djamel on en avait déjà tiré deux fois, des pareils, dans les parkings. C'est des trucs qui coûtent un max, la vérité, un max, rien que pour prendre des photos, je vois pas comment on peut claquer la thune pour ça !

Bref, au parc, on a été sur les ponts, dans l'île et tout, pour repérer les cygnes, les canards, les mouettes, plus des tas de piafs pas connus, qui sont tout le temps planqués dans les arbres. Je me marrais bien parce que Kaou il avait la pétoche des gardiens, du coup, quand mademoiselle Dambre elle m'a demandé de l'aider pour installer le trépied de son Nikon, il m'a pas traité de lèche-cul comme avant les vacances. Si j'avais voulu, j'aurais pu le faire pécho, mais je suis pas une balance.

Quand on est rentrés à la SES, j'ai tout de suite pigé qu'y avait une super embrouille. La reum à Clarisse elle tapait la discuss' avec monsieur Belaiche dans la cour, devant les fenêtres du bureau du principal. Dans sa main, elle avait la boîte en velours rouge du collier en perles, le cadeau que j'avais fait à Clarisse ! J'ai pas attendu de me faire pécho, je me suis tiré tout de suite, à fond la caisse. Le concierge, il avait pas encore refermé la porte. J'ai cavalé jusqu'à la cité.

Ma reum elle dormait, crevée avec son boulot à Lariboisière, alors elle s'est même pas rendu compte que j'étais revenu chez oim. Là, j'ai pas perdu de temps, j'ai fait super vite. J'ai pris un grand sac Auchan, dedans j'ai mis un survêt', les sapes d'Arthur, le blazer, la chemise, le futal, les Weston, tout, j'ai pris toute ma thune, plus un cahier, un stylo et le bouquin de monsieur Hardouin sur les Yeux. Je me suis arraché avant que ma reum elle se réveille.

J'ai été direct au local, rue Piat ; ça me foutait les boules de retourner là-bas, la première fois depuis le soir où Djamel et Laurent ils avaient niqué la toxe ! Mais la vie de ma mère si je mens, je savais pas où me planquer, à part le local. J'avais les clés des cadenas. Quand Aziz il avait dit à Djamel qu'il se tirait, qu'il voulait plus être dans la bande à cause du caillou, il avait balancé les siennes, de clés. Djamel il me faisait super confiance, alors il me les avait données. Coup de bol, la vérité !

J'ai passé toute la journée enfermé dans la cave. Je me suis fait tout un tas de plans dans la tête, pourquoi ça avait merdé, style une fois je me disais c'est Clarisse qui m'a balancé, c'est juste une petite pouffe comme j'avais cru au début, style une autre fois je me la jouais plus cool, j'y pardonnais, à Clarisse, c'était simplement sa reum qu'avait pécho le collier dans le tiroir et elle s'était véner à cause de ça. Clarisse, forcément, elle avait été obligée de me baver dessus ! Il aurait vraiment fallu que sa reum elle soit bien gogol pour pas se douter d'où qu'il venait, le collier !

J'ai attendu super longtemps avant que Djamel et Laurent ils s'amènent, vers onze heures le soir.

Ils étaient déjà bien déchirés, et en plus, ils avaient encore du caillou avec eux. Avant de méfu, on a tapé la discuss' sur ce qui m'arrivait. Djamel il a été super, il a dit qu'il laisserait jamais un petit frère comme oim dans la galère, et que je pouvais rester planqué dans le local. Laurent il a dit qu'il avait peut-être une autre solution, c'était chez un copain à lui, où il planquait déjà une meuf qui risquait un max…

Elle avait fait des dépouilles dans le tromé et les keufs, ils connaissaient son nom, ils avaient pécho sa carte d'identité. Je voyais déjà le plan que la meuf c'était une toxe, et qu'elle suçait ou qu'elle se faisait mettre pour de la thune, comme l'autre, celle qu'ils avaient déjà ramenée. J'allais être bien avec elle, là-bas, chez Laurent, à la regarder faire ses saloperies, faut pas déconner quand même ! J'ai dit non, je préfère rester ici.

Djamel et Laurent, ils en avaient marre de se prendre la tête avec mes salades, alors ils ont allumé leur caillou. La vérité, ça les a bien éclatés. Ils étaient crevés, après. Djamel il s'est mis à roupiller, mais Laurent il m'a branché à propos de ma thune. Y voulait savoir combien que j'avais et tout. Il m'a dit que pour rester dans le local à me planquer, fallait que j'allonge. J'y ai filé deux billets de dix keusses, et il s'est barré à Stalingrad pour chercher encore du caillou.

Il était déjà vachement tard, style je sais pas, peut-être trois heures du mat'. Moi je pensais sans arrêt à Clarisse, ma petite meuf bien gentille. À ce moment-là je savais bien que j'allais plus la revoir, que le plan fiches de lecture chez sa reum, c'était niqué. Mais en même temps, même si j'avais les boules, je voulais pas chialer pour des conneries pareilles.

Laurent il est revenu vers quatre heures et demie, mais alors là, complètement déchiré, avec la tronche qui saignait de partout. Il avait eu une sale embrouille avec les toxes à Stalingrad. La thune que je lui avais filée, il se l'était fait taxer. Il s'est véner contre oim, pour rien, c'était vraiment un salaud. Djamel il s'est réveillé et il m'a défendu. J'ai cru que ça allait être la baston entre eux deux.

— Vas-y, fais pas chier, il a dit Djamel, quand Laurent il a sorti son cutter.

Laurent il le savait bien que Djamel il fallait pas lui prendre la tête, que même avec un cutter, il avait aucune chance. Djamel il attendait, les guibolles écartées, l'air de rien, prêt à la baston, comme quand il avait niqué les couilles au toxe avec le rasoir, sous la Rotonde à Stalingrad.

Laurent il savait bien qu'il allait se faire savater à coups de pompes à coques, s'il continuait à faire le bouffon. À la fin, on a dormi. J'ai planqué mon sac Auchan sous mon matelas, des fois que Laurent ça le reprenne, ses idées de dingue de me taxer. La thune, je l'avais gagnée, elle était à moi !

*

Le lendemain matin, quand je me suis réveillé, Djamel et Laurent ils étaient plus là. J'avais super faim. J'ai fermé la porte du local. Je me suis acheté un pain au chocolat au carrefour Belleville et j'ai filé direct par le tromé jusqu'aux Halles. C'était encore trop tôt pour que les boutiques elles soient ouvertes, alors j'ai attendu. Rue Saint-Denis, je me suis acheté une paire de Doc Martens, la plus petite pointure qu'ils avaient, du 38, mais en mettant du coton au bout, ça pouvait m'aller. Fallait plus me chercher l'embrouille, maintenant, parce que j'allais savater les couilles, comme il faisait Djamel.

Je suis rentré direct au local rue Piat, pour m'entraîner, style Bruce Lee quand il arrête pas de sauter en l'air. Les pompes à coques, elles me faisaient un peu mal. J'ai pécho des ampoules plein les chevilles alors je les ai enlevées. Je pouvais pas rester ça comme, dans les caves toute la journée, faut pas déconner. Ma thune, je l'ai planquée derrière un tuyau du chauffage, dans le couloir. Laurent il pourrait bien s'accrocher pour la trouver. J'ai mis les sapes à Arthur pour sortir. Avec le blazer et le futal super classe, y avait pas un keuf qu'allait m'emmerder, où alors c'était que j'avais vraiment pas de bol !

Là, ça m'a fait tout zarbi de zoner dans la rue. Je savais que chez oim, ma reum elle devait bien se véner, plus Cédric, Nathalie et son portos, c'est sûr qu'elle leur avait déjà téléphoné ! Ce qui m'a rassuré c'est que monsieur Hardouin, il allait sûrement m'arranger le coup. Ma reum, toute façon, je pouvais pas compter sur elle.

J'ai été jusqu'à République, en remontant par Père-Lachaise et la Nation avant de revenir rue Piat. Je me suis envoyé deux cheese-burger avec des maxi frites pour tenir le coup, parce que pour m'entraîner avec les pompes à coques style Bruce Lee, c'était pas le moment de rien bouffer.

J'arrêtais pas de faire des super efforts pour réfléchir. Je savais même pas ce qui se passait, alors le soir, j'ai eu une super idée : j'ai téléphoné à mademoiselle Dambre. Quand elle était venue chez nous à la cité, elle avait filé son numéro perso à ma reum, des fois que j'aie des difficultés et qu'on puisse en parler, style elle faisait le max pour rendre service. En partant de chez nous, j'avais pris le Post-it où elle l'avait marqué, il était dans le bouquin de monsieur Hardouin sur les Yeux.

Mademoiselle Dambre, elle a été super sciée quand elle a entendu ma voix. Je l'appelais d'une cabine, en bas de la rue Saint-Maur, avec une télécarte que j'avais achetée à un zonard qui les vendait dix balles. Il les avait taxées je sais pas où, histoire de se faire de la thune. Mais ça, c'est des plans de sonac, style la misère, on gagne à peine avec ça, la vérité.

— Salut, mademoiselle Dambre, j'y ai dit, comment ça va ?

Elle était toute gentille, mais je faisais gaffe. Toute façon, j'étais cool, elle pouvait pas me faire pécho par les keufs à cause du téléphone, je le savais bien, j'avais vu dans *Inspecteur Harry* comment ils font dans ces cas-là. Genre ils repèrent le numéro avec un ordinateur, mais le temps qu'ils arrivent rue Saint-Maur à la cabine, j'y aurais déjà dit salut, à mademoiselle Dambre.

— Mon petit, mon petit, elle a fait, genre elle allait se mettre à chialer, dis-moi tout de suite où tu es, je viendrai te chercher, ta mère se fait un sang d'encre depuis hier, aie confiance en moi…

— On se la joue peinard, j'y ai dit, style elle allait pas me faire un plan pitié ou je sais pas quoi, je voulais juste qu'elle me dise ce qui se passait, pourquoi Clarisse elle m'avait balancé et tout.

Mademoiselle Dambre elle m'a tout expliqué. Toute l'embrouille, ça venait de ce bouffon d'Arthur qui s'était fait pécho par ses ieuvs à cause des cassettes X-hard. Il avait tout raconté, alors ça avait remonté jusqu'à Clarisse, le plan fouille de la piaule quand ils étaient rentrés du ski, et tout. Du coup, sa reum elle était tombée sur le collier, la vérité, manque de bol !

Et le collier en perles, le richard à qui on l'avait tiré dans la BM avec Djamel et Laurent, il voulait peut-être l'offrir à sa meuf rien que pour qu'elle le suce, comme il croyait, Laurent, mais en attendant, c'était un vrai ! Super cher, avec une marque, pas Nike ou Jordan écrit en gros, évidemment ! Non, juste une toute petite connerie de gravée sur le truc qui ferme, un poinçon ça s'appelle ! Tous les richards, ils ont une assurance comme dans les pubs à la télé, alors les keufs ils étaient au courant, forcément…

Mademoiselle Dambre, elle m'a encore pris la tête presque à chialer au bout du fil. Elle m'a juré que monsieur Belaiche lui aussi il voulait m'aider. Vas-y, c'était n'importe quoi ! Style avec les embrouilles que j'avais à cause des reubeus comme Djamel, tant que j'y étais, histoire de galérer encore plus, j'allais me brancher avec un feuj ? Faut pas déconner, quand même ! Elle a tout de suite pigé que j'allais pas y dire où j'étais. Pour pas lui faire de peine, je lui ai promis que je la rappellerais, qu'elle se fasse pas de bile pour oim, que je me démerderais tout seul.

Rue du Faubourg-du-Temple, je me suis payé un sandwich turc, et en le mangeant je suis revenu rue Piat. Je me suis dit qu'il y avait qu'à attendre, que ça se tasserait bien, toutes ces embrouilles, qu'au bout d'un moment, les parents à Arthur ils comprendraient que c'était pas si grave que ça qu'il mate des vidéos X-hard. Le collier, c'était plus relou. À force de réfléchir, j'ai pensé qu'y avait qu'un moyen d'en sortir, c'était de gagner encore de la thune avec Djamel et Laurent, comme ça je pourrais en filer aux keufs, et ils écraseraient, pour la plainte.

C'est Laurent qui m'avait expliqué la combine, comme quoi les keufs, si on veut avoir la paix quand on a des embrouilles avec eux, le seul moyen, c'est de les arroser. Il m'avait même montré un article dans un journal ou il avait lu ça, un peu comme la caution pour les gangsters dans *Inspecteur Harry*.

*

Dix jours, j'y suis resté planqué, dans le local de la rue Piat. Je sortais juste pour m'acheter des hamburgers au Quick de Belleville. Y avait un robinet de flotte dans le coin des poubelles, un peu plus loin dans le couloir des caves, alors je pouvais me laver. La journée, je faisais mon poème pour Clarisse, avec mon dico pour vérifier les accords et tout. Je voulais lui envoyer par la poste, style pour bien lui faire piger qu'elle avait pas à s'en faire, que je tenais toujours à elle même si j'étais dans la galère.

Le soir du troisième jour, quand Laurent et Djamel ils se sont radinés, ils étaient bien véner, la vérité. Laurent, pas loin de chez lui à Belle Épine, il avait repéré une baraque où y avait un keum, un ieuv bourré de thunes. Il le savait parce que le ieuv, il avait eu sa photo dans le journal de là-bas, à cause de sa collection de musique de dans le temps, des instruments super anciens, qui coûtent un max, mais alors quand je dis un max, c'est vraiment un max, la vie de ma mère !

Laurent il disait que si on pouvait lui taxer juste un ou deux violons ou des trucs ça comme, on aurait plus à se prendre la tête dans les parkings pendant un bon bout de temps. Surtout que les violons, c'est pas gros, on pourrait les mettre fastoche dans les sacoches des mobs.

Djamel il voulait pas croire ça, mais pour une fois j'ai été d'accord avec Laurent. Je me souvenais bien que Clarisse elle m'avait expliqué que son violon à elle, il avait déjà coûté deux bâtons ! Si j'avais pas connu Clarisse, moi aussi j'aurais cru que le plan à Laurent, c'était de la frime. Elle m'avait bien pris la tête avec ça, comme quoi plus un violon il est ieuv, plus il coûte de thune, la vérité ! C'est pas comme mettons une téloche, plus elle s'use, moins elle vaut, non, là c'est juste le contraire !

J'y ai dit, à Djamel, alors du coup, on a décidé d'aller dépouiller le ieuv. Laurent il connaissait un keum, aux Puces de Saint-Ouen, qu'était branché là-dedans et qui nous le reprendrait fastoche, il en avait déjà causé avec lui. Si on en tirait deux, des violons, c'était peut-être un coup de deux trois bâtons, la vérité !

Le ieuv, on l'a fait un matin, comme la meuf de Livry-Gargan. Pour que ça fasse encore plus vrai, j'avais mis les sapes à Arthur, super classe, et je m'étais bien peigné. Même que ça m'a fait chier de déchirer le futal et de mettre du mercurochrome qu'a coulé sur les Weston, mais Laurent il s'est marré en me disant que si je voulais, après, des futals ça comme, j'allais pouvoir m'en payer des tas !

Chez le ieuv à côté de Belle Épine, ça s'est bien passé. Quand il a vu le flingue à grenaille qu'il avait Laurent, il s'est écrasé, ça valait mieux pour lui. En plus, moi et Djamel on était cool, y avait pas de risque que Laurent il nous refasse son plan délire, comme avec la meuf à Livry ! On s'est arrachés peinards avec les mobs, comme prévu, avec deux violons plus une flûte, une pareille que Fabien il jouait avec, chez Clarisse.

On a tout planqué dans le local, rue Piat. Djamel et Laurent ils se sont tirés, en me disant de bien faire gaffe que personne me voie. Pour prendre rencart avec le keum des Puces et taper la discuss' avec lui histoire de pas se faire arnaquer, ça allait prendre un peu de temps, c'était Laurent qui s'occupait de ça.

*

Bref, toute la journée, je matais la flûte et surtout les violons, j'aurais bien essayé de faire des notes avec le manche, mais je pouvais pas, à cause du bruit. Le quatrième jour, j'ai envoyé mon poème à la poste pour Clarisse. Elle allait être super contente d'avoir de mes nouvelles.

En revenant rue Piat, je me suis fait un plan délire dans ma tête, comme quoi avec ma part de la thune que j'allais gagner avec les violons, moi aussi je pourrais partir aux Deux-Alpes et y envoyer une carte de là-bas, avec un super paysage comme Clarisse elle avait fait pour moi ! Elle serait super étonnée, la vérité, et quand ça serait fini, toute ma galère, elle me respecterait ! Mais je me la suis jouée plus cool : la thune, il fallait d'abord la filer aux keufs, genre la caution pour qu'ils me foutent la paix, plan *Inspecteur Harry* et tout !

Le keum que Laurent il connaissait aux Puces de Saint-Ouen, il était pas à Paris, alors il fallait attendre. Djamel et Laurent, ils claquaient toute la thune qui leur restait pour s'acheter leur caillou à Stalingrad, même que je leur ai prêté cent keusses, histoire qu'ils se calment un peu. Le soir, ils tiraient comme des gogols sur leur pipe en pot de yaourt pour bien se fonceder, et finalement, ça comme j'étais peinard.

C'était pas la peine de leur prendre la tête à taper la discuss' pour leur dire d'arrêter leurs conneries, ils voulaient même pas m'écouter. Je pensais bien qu'une fois que j'aurais pécho ma part des violons et de la flûte, je me tirerais de la rue Piat pour trouver une autre planque.

Sauf que comme ça traînait, l'embrouille avec le keum des Puces, j'en avais de plus en plus ras le bol de rester enfermé comme un bouffon.

Alors j'ai déconné. J'ai appelé Clarisse au téléphone. J'y ai causé super vite, même pas de quoi lui laisser le temps de répondre, pour y dire que si elle voulait regarder par sa fenêtre à neuf heures le soir, j'allais passer dans la rue en bas de chez elle pour lui faire salut avec la main. Juste un moment, forcément, histoire de pas me faire pécho !

Je l'ai fait, la vérité, ça m'a bien éclaté, comme plan délire, j'étais super excité, même si c'était pas pareil que Djamel ou Laurent avec leur caillou ! Après je me suis arraché vite fait, direct jusqu'aux Buttes-Chaumont pour traverser et revenir rue Piat par Bolivar et Pyrénées. Du moment que je l'avais fait une fois, je pouvais recommencer, alors au lieu de me faire chier dans le local, je suis revenu deux autres soirs. Maintenant, je le sais que c'est à cause de ça que la reum à Clarisse elle a pu piger que c'était dans le quartier que je me planquais, forcément.

En plus, fallait que je sorte pour acheter de la bouffe, plus des autres sapes. Celles à Arthur elles étaient bien niquées avec le mercurochrome. Mes survêts, ça allait, sauf que mon slip j'allais pas pécho des boutons à le garder sans arrêt. Il me grattait. Je l'avais lavé une fois au robinet dans le couloir des caves, mais comme un gogol, en me tirant de chez ma reum, j'avais même pas pensé à en prendre des autres.

J'ai été m'en acheter un au Prisunic rue du Faubourg-du-Temple. Deux autres fois, j'ai fait des parties de flipper dans un café chinois, là aussi on a pu me voir. Je vais pas vous prendre la tête avec ça parce que je sais même pas comment ça s'est passé vraiment. La reum à Clarisse elle pourra sûrement vous le dire quand vous y demanderez.

Elle a dû zoner dans le quartier à se prendre la tête pour me chercher. Entre la rue Piat et chez elle, y a juste une station de métro. J'aurais dû aller plus loin mais je pouvais pas. Si le local à Djamel il avait été, mettons, carrément du côté de Besbar ou à La Chapelle, tout ça, ça serait jamais arrivé. Le manque de bol, la vérité !

Bref, le dernier soir, quand j'ai été m'acheter un cheese-burger, peut-être qu'elle m'avait déjà fait son coup de vice de me suivre depuis longtemps, la reum à Clarisse. Pourtant, à chaque fois avant de descendre dans le local, je faisais super gaffe que personne me mate.

Il était déjà tard et j'écoutais de la zicmu peinard, assis sur un matelas avec un walkman, ce qui fait que j'ai rien entendu quand elle est rentrée. J'avais pas mis les cadenas, avec Djamel et Laurent on les mettait jamais la nuit. Je savais qu'ils allaient pas tarder à se radiner alors je me prenais pas la tête.

La reum à Clarisse, elle a été super étonnée de voir les photos des meufs à poil qui montraient leur teuche partout sur les murs. J'ai bien été forcé d'y montrer les deux violons et la flûte, quand elle m'a pécho. J'ai même pas pu me défendre, parce que j'avais pas mis mes pompes à coques. En plus, comme c'était la reum à Clarisse, j'allais pas la savater, faut pas déconner, quand même !

*

Voilà. Le reste, ce qu'ils lui ont fait, à la reum à Clarisse, quand ils ont débarqué, Djamel et Laurent, je vais pas vous le raconter, c'est tout écrit dans les feuilles que les keufs ils vous ont tapées à la machine. J'espère qu'elle va bientôt en sortir, de l'hôpital. Je déconne pas, la vérité, la vie de ma mère ! C'est vraiment relou que les keums du Samu ils l'aient embarquée à Lariboisière, à cause de ma reum à moi, c'est mal tombé.

J'ai fini, monsieur le juge. Vous m'avez demandé de tout dire sur la cassette avec le magnétophone, de bien prendre mon temps, style ça vous aiderait à mieux me connaître, j'ai bien pigé quand je suis venu dans votre bureau.

J'ai tout dit, je sais pas si j'ai bien expliqué avec les mots qu'il faut. J'espère que vous écouterez bien d'abord la face A avant la face B, sinon forcément vous allez être paumé. J'ai bien marqué sur le boîtier pour pas que vous vous gourriez. J'ai rien fait, monsieur le juge. La vérité, la reum à Clarisse, je l'ai même pas touchée ! La vie de ma mère si je mens !

Ici, y a personne qu'est venu me voir, sauf monsieur Hardouin. Mademoiselle Dambre et monsieur Belaiche ils m'ont envoyé une lettre sympa pour me causer de la SES, genre je pourrais revenir, mais j'y crois pas, c'est rien que des conneries, style pour que je me prenne pas trop la tête.

Y a qu'une seule chose que je voudrais vous demander, monsieur lejuge, si des fois vous pourriez dire à Clarisse de passer au parloir, ça me ferait super plaisir. Juste dix minutes, ça serait cool. Et si aussi vous pourriez demander aux keufs de me rendre le bouquin avec le poème des Yeux, ça serait bien. Ils me l'ont piqué pour rien, la vérité, quand même, les keufs, des fois ils sont trop.

Maintenant j'arrête de causer, monsieur le juge, parce que de toute façon on arrive au bout de la cassette.

FIN

DU MÊME AUTEUR

Aux Editions Gallimard

Dans la collection Série noire

Mygale, n° 1949 (et Folio n° 2484)
La bête et la belle, n° 2000 (et Folio n° 2567)
Le manoir des immortelles, n° 2066
Les Orpailleurs, n° 2313
La vie de ma mère !, n° 2364
Mémoire en cage, n° 2397

Dans la collection Page Blanche

Un enfant dans la guerre

Chez d'autres éditeurs

Le secret du rabbin (L'Atalante)
Comedia (Payot)
Trente-sept annuités et demie (Le Dilettante)
Le pauvre nouveau est arrivé (Manya)
L'enfant de l'absente (Seuil)

Cet ouvrage a été composé
par Infoprint.
Reproduit et achevé d'imprimer sur Roto-Page
par l'Imprimerie Floch à Mayenne
le 15 janvier 1998.
Dépôt légal : janvier 1998.
1er dépôt légal dans la collection : octobre 1994.
Numéro d'imprimeur : 42942.
ISBN 2-07-049473-X / Imprimé en France.

85798